DINKEL

DINKEL

Gerhard Schnabel / Siegfried Ruoß

Bildnachweis:
Miniaturen aus der mittelalterlichen Handschrift „Taciunum sanitatis", Österreichische Nationalbibliothek, Wien: Vereinigung fränkischer Grünkernerzeuger Boxberg e.V.

© 1997 – Ruoß-Verlag, Ulm
Alle Rechte vorbehalten
5. Auflage
ISBN 3-924292-06-X
Rezepte: Gerhard Schnabel
Text: Siegfried Ruoß
Illustrationen: Renate Gries-Fahrbach
Druck und Bindung: Ebner Ulm
Satz: Fotosatz Buschow

Inhalt

Einleitung

Selten wurde eine Kulturpflanze bei uns so rigoros aus dem Verkehr gezogen wie der Dinkel. Der Siegeszug des Weizens war derart gravierend, daß die alten Landsorten, die sich seit dem 17. Jahrhundert herausgebildet hatten, nur noch in den deutschen Genbanken zu finden waren.

Hätte nicht die Grünkernerzeugung überlebt, wäre mit Sicherheit auch die letzte Sorte, der „Bauländer Spelz" aus der Deutschen Sortenliste verschwunden. Erfreulicherweise ist unser südlicher Nachbar, die Schweiz, dem Dinkel treu geblieben, wo er heute noch besonders in höheren Lagen erfolgreich angebaut wird. Anfang der sechziger Jahre, als der Dinkel bei uns langsam wieder von seinem Dornröschenschlaf erwachte, war es für die Dinkelanbauer oft die einzige Möglichkeit sich dort Saatgut zu besorgen. Heute kann die deutsche Landwirtschaft auf die belgische Sorte „Rouquin" sowie auf die deutsche Neuzüchtung „Schwabenkorn" und „Franckenkorn" zurückgreifen.

Aber was war geschehen, daß der Dinkel nur noch ein Schattendasein führte und der Weizen alleine den Markt beherrschte. Ganz einfach, neue ertragreiche Weizensorten sowie der verstärkte Einsatz von Mineraldünger und chemische Behandlungsmaßnahmen brachten eine derart hohe Ernte, daß dem Dinkel einfach die Luft wegblieb. Während nämlich der Weizen unter Hinzugabe von Mineraldünger förmlich explodierte, verweigerte der Dinkel die künstliche Wachstumshilfe. Er vertrug sie nicht und wenn, nur in ganz bescheidenem Maße. Während der Weizen höhere Erträge lieferte und das Korn beim Ernten durch die Mähdrescher gleich vom Spelz getrennt werden konnte, benötigte der Dinkel dazu noch einen extra Arbeitsgang. Dies und sicher noch andere Fakten machten ihm den Garaus. Er paßte einfach nicht mehr in die auf Wachstum und Fortschritt bedachte Landschaft. Die Getreidefrucht unserer Vorväter war in die Jahre gekommen, altmodisch und dazu noch recht eigensinnig, war sie ein Fall für die Mottenkiste geworden. Wäre da nicht eine Handvoll engagierter Landwirte gewesen, die sich verstärkt dem alternativen Landbau zugewandt hatten, der Dinkel wäre bei uns vollends in der Versenkung verschwunden.

So aber, und Dank eines neuen Bewußtseins in Ernährungs- und Umweltfragen, rückte der Dinkel automatisch immer mehr ins Rampenlicht der Öffentlichkeit. Er gehört heute wieder zum Standardprogramm der Reformhäuser und Naturkostläden. Die Stuttgarter Arbeitsgemeinschaft für vollwertige Ernährung in der Gemeinschaftsverpflegung, in der sich Küchen- und Kantinenleiter, Köche, Hauswirtschaftsleiterinnen, Diätassistentinnen und andere interessierte Personen zusammengeschlossen haben, wollen sich bei ihrem monatlichen Treffen in Zukunft stärker dem Thema Dinkel widmen.

Schon die hl. Hildegard von Bingen schrieb im 12. Jahrhundert über den Dinkel:
„Der Dinkel ist das beste Getreide, er bereitet dem, der ihn ißt, rechtes Fleisch und Blut, und er macht frohen Sinn und Freude im Gemüt der Menschen." – Genau das was wir brauchen.

Die Ernährungswissenschaft der Neuzeit bestätigt ihm sogar einen höheren ernährungsphysiologischen Wert als dem Weizen und das will doch etwas heißen. Ein alter Veteran wird wieder hoffähig. Hoffentlich nicht nur eine vorübergehende Modeerscheinung in unserer so schnellebigen Zeit.

Daß dem nicht so ist, hatte sich die 1987 gegründete Dinkelackerstiftung zum Ziel gesetzt. Wie Herr Dr. Kling von der Landessaatzuchtanstalt der Universität Hohenheim beim 1. Dinkelsymposium dazu ausführte, soll der Dinkel aufgrund seiner günstigen Eigenschaften einer besonders breiten Schicht zugänglich gemacht werden. Eine besondere Aufgabe ist dabei, die Produktionsentwicklung von Lebensmitteln aus Dinkel zu fördern und wieder einen Markt aufzubauen.

Das ist eine sehr begrüßenswerte Initiative, die landwirtschaftlich und gesundheitlich von großer Bedeutung werden kann.

Wir wünschen ihm und allen Beteiligten viel Erfolg. Gleichzeitig möchten wir uns in diesem Zusammenhang für die freundliche Unterstützung bei der Entstehung des vorliegenden Buches recht herzlich bedanken. Unser Dank gehört auch den Familien der Dinkelanbauer Treß in Bichichshausen sowie Schmid und Arnold in Wilsingen.

Ein ganz besonderes Dankeschön geht an die Dinkelbäckerei Scholl in Vaihingen, an Bäckermeister Hans Ziegler in Münsingen und an die württembergische Bäckerfachschule in Stuttgart. Bedanken möchten wir uns natürlich auch bei all unseren Freunden und Bekannten, die uns geholfen haben, fast vergessene Informationen über den Dinkel ans Tageslicht zu fördern.

Ganz besonders gilt dies für die Damen des Deutschen Brot-
museums in Ulm, den Damen und Herren der Bundesanstalt für
Getreide-, Kartoffel- und Fettforschung in Detmold sowie
Herrn Baumann von der Vereinigung fränkischer Grünkernerzeuger in Bad Mergentheim und Herrn Oellers von den Bundschuhbauern in Boxberg.

Zum Schluß, dafür aber besonders herzlich, danken wir Herrn
Künkele aus der gleichnamigen Mühle in Urach, Herrn Mack
von der Ostermühle in Langenau sowie Herrn Dr. Eberhardt in
Mehrstetten und Frau Dr. Gisela von Canal in Ulm.

Ulm, den 20. August 1989

Herkunft des Dinkels

Heute ist diese Getreideart nur noch unter dem Namen Dinkel bekannt. Früher waren auch noch Namen wie Vesen, Kernen, Korn, Kora, Schwabenkorn, Spelz oder Spelta im Umlauf. Das Wort „spelta" taucht zum ersten Mal im „Edictum diocletianum" (301 n. Chr.) auf. In diesem Maximaltarif, in welchem die Preise für Getreide und Futtermittel aufgeführt sind, ist „scandulae sive speltae" und „speltae mundi" erwähnt. Nach übereinstimmender Ansicht verschiedener Autoren dürfte damit gegerbter und ungegerbter Dinkel gemeint sein. Das Wort „spelta" ist als Lehnwort aus dem Germanischen in die lateinische Sprache übergegangen. Es ist mit „spalten" in Verbindung zu bringen, so daß „spelta" ursprünglich wohl „Spaltkorn" bedeutet hat. Das Auftauchen des Wortes „spelta" im Maximaltarif zeigt, daß Dinkel zu jener Zeit nördlich der Alpen ziemlich verbreitet gewesen sein muß. Der Dinkel gehört mit Sicherheit zu den kulturgeographischen Besonderheiten, die den südwestlichen Winkel des deutschen Sprachgebiets immer wieder auszeichnet. Leider wird in Besprechungen der deutschen Kulturgewächse der Dinkel nicht selten stiefmütterlich behandelt oder er glänzt durch Abwesenheit.

Alte Ortsnamen wie Dinkelsbühl, Dinkelhausen, Dinkelrode und Dinkelscherben sowie die Familiennamen Dinkelacker oder Dinkelmann weisen auf das große Alter und die Bedeutung dieses Getreides speziell im schwäbischen Sprachraum hin. Die Botaniker Karl und Franz Bertsch vertreten in ihrem Buch „Geschichte unserer Kulturpflanzen" die Ansicht, daß der Dinkel durch Kreuzung zwischen den uralten Weizenarten Emmer (Triticum dicoccum) und Zwergweizen (Tricium compactum) in der späten Bronzezeit entstanden ist. Zum Vergleich dazu: neuere Forschungen ergeben hier wiederum andere Ergebnisse. Die Wissenschaft unserer Tage ist zum Schluß gekommen, daß das Getreide unserer Altvorderen auf die Bastardierung zwischen bespelzten Formen der tetraploiden Emmerreihe und Aegilops squarrosa zurückzuführen ist.

Nach den Forschungsergebnissen angesehener Autoren ist der Dinkel in den Steppen Südwestasiens entstanden und erst dann vom Kaukasus über das Schwarze Meer und den Balkan nach Europa gekommen, und zwar in Beimischung zu Einkorn und Emmer, zwei anderen bespelzten Weizenarten. Somit ist der Dinkel ein Bastardweizen, denn eine Wildform ist uns nicht bekannt.

Aber befassen wir uns mal näher mit der Geschichte dieser so interessanten Pflanze. Die ältesten Reste von Dinkel stammen aus dem Jungneolithikum, gefunden wurden sie in Südwest- und Norddeutschland sowie in Schweden. Die größten Funde stammen hiervon aus Schwaben (Federsee und Schussenried). 1968 fand man aus derselben Zeit bei Ulm entsprechende Funde.

Weiter im Norden, bei Stade/Niederelbe, fand man Abdrücke in Tonscherben, geschätzt auf 2000 bis 3000 v. Chr. Ein wohl stolzes Alter. Ein richtiger Urgroßvater unter dem Getreide.

Von der späten Bronzezeit an wurde Dinkel an mehreren Stellen in Europa, von den Südalpen (Comersee) bis Schweden, angebaut. Während der vorrömischen Eisenzeit (800 v. Chr.) breitete sich der Dinkel regional weiter aus, und zwar im Neckarraum und am Niederrhein. Wir finden ihn aber auch in kleineren Anbaugebieten in Österreich, im Harz und in Südengland.

Mit Beginn der römischen Zeit (3. Jh. n. Chr.) wurde der Dinkel bevorzugt in den römischen Provinzen, und zwar nur nördlich der Alpen, angebaut.

Nach der Besitzergreifung des südwestlichen Raumes durch die Alemannen blieb dieses Gebiet das Kernland des Dinkelanbaus. Zu gleicher Zeit verschwand der Dinkel aus Schweden, Dänemark, den Niederlanden sowie aus Nord- und Ostdeutschland. Er wurde, außer in dem alemannischen Kerngebiet, dem späteren Schwaben, nur noch in Teilen der Schweiz und im Mosel-Niederrhein-Gebiet nachweislich angebaut.

Die Auffassung, die Alemannen hätten den Spelz aus ihrer ostelbischen Heimat mitgebracht, lassen sich aufgrund archäologischer Funde aus der Bronzezeit nicht halten. Der Spelzanbau war schon vor den Alemannen in diesem Gebiet heimisch. Diese Funde beweisen auch, daß ebensowenig die Römer den Spelz in das Voralpenland mitgebracht haben.

Wie schon angedeutet, fielen die Alemannen im 3. bis 5. Jahrhundert n. Chr. in den süddeutschen Raum ein und eroberten große Teile Süddeutschlands sowie Vorarlberg und die Nordschweiz. Sie haben den Spelz von der bereits ansässigen keltischen Bevölkerung übernommen. Er wurde ihre Hauptbrotfrucht und ist es bis in unser Jahrhundert hinein geblieben. Wo immer der Dinkel nachgewiesen werden konnte, sind oder waren einmal Alemannen ansässig, wenn auch nur vorübergehend.

Eingehende Untersuchungen der Spelzanbaugebiete ergeben den Schluß, daß sie im wesentlichen mit dem Siedlungsgebiet der Alemannen übereinstimmen. Es umfaßt das Gebiet Schwaben sowie das bayerische Schwaben bis zum Lech, außerdem die südliche Rheinebene, die deutsche Schweiz und Vorarlberg.

Bis ins 19. Jahrhundert hinein blieb der Dinkel die Hauptgetreideart in dem Gebiet, das mit dem Stammland der Alemannen zusammenfällt.

Mitte des 19. Jahrhunderts wurden in Württemberg über 200 000 ha Dinkel gegenüber 12 000 ha Weizen angebaut. Um 1970 wurden in Baden-Württemberg gerade noch 1000 ha Dinkel angebaut, wobei der Hauptanteil dieser Fläche der Grünkerngewinnung im Bauland galt.

Anbau

Das Dinkelfeld ist im Sommer eine reine Augenweide. Rötlich, goldglänzend wogt dieses herrliche Getreide im Wind und singt dazu seine jahrtausend alte Melodie von der „Goldenen Ähre". Aber um diese wunderbare Inszenierung von Mutter Natur zu erleben, bedarf es vieler mühevoller Vorbereitungen.

Der Dinkel wird im Spelz ausgesät. Das bringt ihm gewisse Vorteile. So schadet ihm, bedingt auch durch sein starkes Wurzelwerk, scharfes Eggen gegen Unkraut keineswegs. Allerdings sieht ein Dinkelfeld nach dieser Kur recht mitgenommen aus, weswegen der Bauer bei diesem Arbeitsgang lieber nicht zurück schaut. Die Aussaat im Spelzkleid verleiht ihm auch eine recht gute Winterhärte.

Hinsichtlich der Saatgutaufbereitung bringt das geschlossene Spelzsystem für die Umwelt große Vorteile. Denn das umschlossene Saatkorn ist im Boden optimal geschützt und macht eine Beizung überflüssig. Eine Ausnahme bilden Gebiete wo Zwergsteinbrandgefahr besteht.

Durch seine robuste Art kann der Dinkel von Oktober bis in den Dezember hinein ausgesät werden. Er gedeiht auf fast allen Böden. Bevorzugt wird er aber auf flach- bis mittelgründigen Muschelkalkböden mit guter Kalkversorgung angebaut. Einer seiner großen Vorzüge ist, daß er auch noch auf Böden gedeiht, die dem Weizen überhaupt nicht mehr bekommen. Das ist besonders im Iran zu beobachten, wo er noch in Höhen von 2300 bis 2500 Meter ü. d. M. zu finden ist.

Die Halme des Dinkels sind hochwüchsig, was den großen Nachteil hat, daß er bei Unwettern leicht umknickt, in der Fachsprache „lagert". Die bei der Reife horizontal abstehenden Ähren wirken lang und dünn. Allerdings sind die Glieder der Ährenspindel länger. Hier sitzt nun je ein Ährchen mit zwei „Kernen", die jedes mit drei festen Spelzen umhüllt sind. Er ist also nicht freidreschend wie der Weizen, sondern die Kerne bleiben im Spelz, was die Folge hat, daß er in einem separaten Arbeitsgang entspelzt werden muß.

Eine Besonderheit der Dinkelspindel ist ihre große Spindelbrüchigkeit. Eine reife Ähre zerfällt meist schon bei leichtem Druck mit der Hand in ihre Einzelteile, was früher bei der alten Erntetechnik mit der Sichel, später mit dem Bindemäher, zu großen Verlusten führte. Beim Einsatz der Mähdrescher ist diese Gefahr weitgehend gebannt.

Der Dinkel wird bei uns hauptsächlich im Bauland, der Schwäbischen Alb, im Gäu, also der Gegend um Rottenburg/Neckar, und in Oberschwaben angebaut. Im Moment geht man davon aus, daß in diesen Gebieten ca. 6000 Hektar Dinkel angebaut werden, wobei es sich hier nur um Schätzungen handeln kann, denn ein Großteil der Anbaufläche dient dem Eigenbedarf. Aber das wird sich ja nun ändern. In den nächsten Jahren soll sich die Dinkelanbaufläche um 20000 bis 30000 Hektar erweitern. Größere Anbauflächen gibt es noch in der Schweiz und in

Belgien. So werden in der Schweiz, in den Kantonen Luzern, Aargau und Bern noch ca. 3000 Hektar Dinkel angebaut. Besonders in Grenzlagen des Ackerbaus, also in hohen, rauhen und niederschlagsreichen Lagen hat er sich dort bestens bewährt. Da der Dinkel doch sehr arbeitsintensiv ist, hat er sich speziell in Familienbetrieben mit relativ kleinen Anbauflächen gut behauptet und hat im biologisch-dynamischen Anbau sicher eine gute Zukunft, ist doch die Nachfrage hier größer als das derzeitige Angebot.

In Belgien schätzt man die Anbaufläche auf ca. 9000 Hektar. Hier werden besonders in den Bezirken L'Ardenne und La Famenne Dinkel angebaut, der besonders der Jungviehfütterung dient. Zur Zeit der extensiven Betriebswirtschaftsweise und vor Einführung der neuen Weizensorten sowie der gesteigerten Düngung war der Dinkel dem Weizen, wenn nicht überlegen, so doch konkurrenzfähig, wie folgende Zahlen Ihnen zeigen.

Nach den statistischen Jahrbüchern ergeben sich für Württemberg folgende Werte:

Anbaujahr	Weizen ha	Dinkel ha
1855	12 366	207 502
1875	16 780	203 598
1895	32 041	178 095
1915	58 848	127 307
1935	116 324	50 567

Quelle: Bertsch, K. u. F. Geschichte unserer Kulturpflanzen, Stuttgart, 2. Aufl. 1949, S. 48

In den wärmeren Landesteilen Württembergs erfolgte diese Umstellung schon früher, z.B. ging Dinkel im Oberamt Heilbronn von 2865 ha im Jahr 1854 auf 1330 ha im Jahr 1900 zurück. 1834 betrug das Anbauverhältnis von Weizen und Dinkel noch 1:90.

Zum Anbau des Dinkels standen vor dem Krieg den Landwirten ausreichend Saatsorten zur Verfügung.

Zur Auswahl standen unter anderem:
– Steiners Roter Tiroler,
– von Rechbergs brauner Schlegeldinkel,
– Babenhauser Zuchtvesen,
– von Rechbergs früher Winterspelz,
– Bauländer Spelz,
– Waggershauser Hohenheimer weißer Kolbendinkel und
– Zeiners weißer Schlegeldinkel.

Doch der starke Rückgang des Dinkelanbaus bewirkte, daß 1962 der letzte Dinkelzüchter aufgab. Der Dinkel verschwand total von der Bildfläche. So fand man 1964 im Sortenratgeber gerade noch das Saatgut „Bauländer Spelz", der zur Grünkerngewinnung angebaut wurde und wird. Alle anderen Sorten sind verschwunden. In der Schweiz, wo der Dinkel vom Weizen nie ganz verdrängt werden konnte, blieben die geschätzten Sorten „Oberkulmer Rotkorn" und „Altgold Rotkorn" erhalten.

Heute finden wir in der Sortenliste des Bundessortenamtes wieder drei eingetragene Sorten. Der bereits aufgeführte „Bauländer Spelz" und „Schwabenkorn", deren Sortenrechte bei der ZG Karlsruhe liegen, sowie „Franckenkorn" von der Pflanzenzucht

Dr. Franck Oberlimpurg, die gleichzeitig die Rechte für die über die EU-Sortenliste angebotene belgische Varietät „Rouquin" in Deutschland ausübt.

Wir wünschen ihnen alles Gute, auf daß die Saat aufgehe und der Dinkel wieder den Stellenwert einnimmt, der ihm zukommt.

Eigenschaften

Ausgereifte, trockene Dinkelkörner ohne Spelz enthalten bei einem Wassergehalt von 12% noch folgende Stoffe:

Stärke und Zucker	60	−61 %
Protein	15	−17 %
Fett	2	− 2,1 %
Mineralstoffe	1,8−	2 %
Faser	1	− 1,9 %

Quelle: Nutzpflanzen in Deutschland, U. Körber-Grohne

Gegenüber Weizen, Gerste, Roggen und Hafer enthält Dinkel somit mehr Protein und hat einen höheren Anteil an Kleber. Wer schon mal mit Dinkelmehl gearbeitet hat, wird sicher den Unterschied zum Weizenmehl festgestellt haben. Besonders gut läßt sich davon die Leibspeise der Schwaben, die Spätzle, herstellen. Allerdings nur die „Handgemachten", also die vom Brett geschabten. Bei den Maschinenspätzle, bei uns auch spöttisch „Faule-Weiber-Spatzen" genannt, ist eine Beimischung von Weizenmehl zu empfehlen. Wegen seines hohen Klebergehaltes „klebt" also das Mehlwassergemisch besser zusammen, ist also gut „bindig" und gibt den Spätzle die richtige Konsistenz. Somit konnte auf Eier nahezu verzichtet werden, was den sparsamen Schwaben sehr entgegenkam, denn Eier in den Spätzle und sei es auch nur am Sonntag, galt als

„aushausig". Das Dinkelmehl war Grundlage für fast sämtliche Mehlspeisen, denken wir nur an die Feingebäcke wie Waffeln, Springerle, denen ich unter anderem meinen ersten Gang zum Zahnarzt verdanke, Gugelhupf, Hefekranz, Fasnetsküchla oder die jahrhunderte alte Morgen-, Mittags- und Abendspeise, bei Begüterten nur morgens, das „Habermus". Der Vorläufer der heutigen „Müsli" also.

Eine der bekanntesten Spezialitäten war im Mittelalter das Ulmer Zuckerbrot, eine Art Zwieback aus Dinkelmehl, Anis und spanischem Wein, das in Ulm heute noch gebacken wird. Bei hohen Empfängen erhielten es die Gäste zum Eintunken in den Wein. Ein ähnliches Ritual, das Eintunken des sonntäglichen Kranzbrotes in den Kaffee, hat sich bis in unsere Zeit hinein erhalten.

Übrigens der Malzkaffee des berühmten Pfarrers Kneipp wurde ebenfalls aus gerösteten Dinkelkörnern hergestellt. Mit Milch vermischt, hieß dieses Getränk bei uns lange Zeit noch „Muggefugg". Später kam noch „Zichorie" in Mode, der dem Kaffee den letzten Pfiff verlieh. Interessant dazu, meine Großmutter schickte mich nie zum Zichorie holen, sondern beauftragte mich mit den Worten: „Bua gang schnell zom Schontner (alter Laden) ond kauf a Päggle Mode", wie Zichorie in weiten Kreisen auch genannt wurde.

Doch zurück zum Dinkel. Der kleine Kaffeeausflug sei mir verziehen. Wie wir wohl alle wissen, waren Getreidenährmittel früher ein wichtiger Bestandteil der menschlichen Nahrung, die aber in unserer so fortschrittlichen Zeit immer mehr in Vergessenheit gerieten. Sie galten in den Jahren der Nachkriegszeit lange als altmodisch. Die Zeit der Sandwiches und Big Mac war angebrochen. Die Ernährungswissenschaftler stellten dann aber fest, daß wir ohne genügend Ballaststoffe wohl nicht auf dem richtigen Dampfer gebucht hatten. Und so setzte sich die Körnerwelle in Bewegung, welche wohl auch der Öffentlichkeit den Dinkel wieder in Erinnerung gebracht hat.

Schon bei der heiligen Hildegard von Bingen (1098–1170) wird der Dinkel als Universalgetreide bezeichnet. In ihrem Naturalienbuch schreibt sie: „Spelz (spelta) ist das beste Getreide … fettig und kraftvoll und feiner als alle anderen Körner. Es macht dem Esser ein rechtes Fleisch und bereitet ihm ein richtiges Blut. Das Gemüt macht es froh und die Gesinnung voll Heiterkeit. Wie immer die Leute es essen, als Brot oder sonstwie als Speise, ist es gut und leicht verdaulich. Wenn einer so krank ist, daß er vor Schwäche nichts mehr essen kann, dann soll man die ganzen Dinkelkörner nehmen und sie in Wasser kochen, etwas Butterfett oder Eigelb dazugeben, damit er's des besseren Geschmackes wegen lieber ißt, und das dem Kranken zu essen geben. Es heilt ihn von innen heraus wie eine gute und heilsame Salbe."

Und das vor nahezu 800 Jahren. Ich glaube, Sie werden mir zustimmen, daß dem wohl nichts mehr hinzuzufügen ist.

Da Dinkel, als traditionelles Getreide unserer Altvorderen, vorwiegend zu Backzwecken verwendet wurde, wollen wir uns doch mal zusammen in die Backstube begeben.

Was ihn hinsichtlich der Backfähigkeit besonders auszeichnet, ist der hohe Klebergehalt. Weshalb er aber heute bei der üblichen mechanischen Teigbereitung einige Schwierigkeiten bereitet, da der Dinkelkleber leicht zum Schmieren neigt. So unterscheidet sich der Dinkel in backtechnischer Hinsicht deutlich vom Weizen. Der zähe, aber etwas zum Fließen neigende Teig eignet sich kaum für die maschinelle Verarbeitung und bringt erst bei langer Teigführung das gewünschte Backergebnis.

Die Bundesforschungsanstalt kommt sogar zu dem Ergebnis, daß Dinkelmehle allein für die Teigbereitung zur Brotherstellung nicht geeignet sind.

Nun, der Dinkel war als Aufmischgetreide schon immer geschätzt. So wurde während des letzten Krieges, als ausländisches Weizenmehl fehlte, Dinkel gerne zur Verbesserung des inländischen Weizens verwendet. In der Schweiz wird heute noch Dinkel zusammen mit Weizen zum Aufmischen gemahlen.

Nach der geltenden Verkehrsauffassung sollte bei uns Dinkelgebäck auf jeden Fall mit mindestens 90 % Dinkelmehl hergestellt werden. Wie gesagt – sollte!!!

Wer den gemachten Angaben mißtraut, dem sei es freigestellt, sich selbst als Freizeitbäcker zu betätigen. Eines ist auf jeden Fall sicher, das tägliche Brot wird Ihnen danach wieder wertvoller erscheinen.

Ein bestimmter Mengenanteil von Dinkelmehl an unserem Brot kann nur positiv bewertet werden, wie einige oberschwäbische Müller und Bäcker in einem Gedankenaustausch 1974 feststellten. Da sich durch eine Beimischung von Dinkelmehl die Back-ausbeute und die Schmackhaftigkeit von Brot erhöht sowie die Haltbarkeit verlängert. Und sie müssen es wissen. Denn gerade im oberschwäbischen Raum haben spezielle Dinkelgebäcke, wie die „Saulgauer Seelen" und die „Biberacher Knauzenwek-ken", weiter nördlich mehr als „Kimmicher" oder „Wasserwek-ken" bekannt, alle Modetrends überstanden.

Ein typisches Dinkelgebäck war und ist seit neuestem wieder der „Blaz", auch „Scherrkucha" genannt, der besonders wieder auf den Dorffesten angeboten wird. Für Nichtschwaben ist die-ses Gebäck mit einer Pizza vergleichbar.

Eine alte Dinkelspezialität ist auch das „genetzte Brot", das, mit einer Holzschapf eingeschoben, besonders auf dem Lande wieder vermehrt in den holzbeheizten Backhäusern hergestellt wird. Ein beliebtes Gebäck war für die Kinder früher der „Ap-felwecka", zubereitet aus Apfelwürfeln und Resten vom Brot-teig. Ein Apfelbrötchen, wie „Reig'schmeckte" sagen würden. Obwohl mit Schwarzmehl hergestellt, sind sie bis heute unver-gessen. Wissen Sie eigentlich, woher die Vorliebe für das so geschätzte und gar nicht so gesunde Weißmehl kommt?

Das feinere Weißbrot war in Frankreich früher nur den vorneh-men Kreisen zugänglich. Dies erregte den Neid der unteren Klasse. Den Beginn der Französischen Revolution bildete nicht, wie die Geschichte allgemein lehrt, der Sturm auf die Bastille, sondern der Sturm des Volkes auf die Bäckerläden, aus denen die ausgestellten Weißbrote und Feinbackwaren ge-stohlen wurden. Von diesem Tag an verlangte das einfache Volk die Gleichstellung mit den Reichen und die Belieferung mit Weißbrot. „Diese revolutionäre Forderung griff mit derartiger Windeseile um sich, daß in Frankreich der Roggen innerhalb weniger Jahre ganz verschwand und der Weizen, im Elsaß der Dinkel, das Feld behauptete."

Alles klar? Wenn man damals schon gewußt hätte, was wir heute wissen, wäre es womöglich gar nicht zur Revolution gekommen, sondern der Dinkel hätte die Geschichte geschrieben.

Aber er ist wieder auf dem Vormarsch, immerhin bieten schon ca. 10 % der württembergischen Bäcker Dinkelerzeugnisse an. Besonders in den gesundheitsbewußten und alternativ orientierten Kreisen ist eine steigende Nachfrage zu verzeichnen.

Und wer mal zufällig nach Stuttgart-Vaihingen kommt, der sollte es nicht versäumen bei der ältesten Dinkelbäckerei in der Heerstraße vorbeizuschauen, denn Herr und Frau Scholl sind Dinkelspezialisten ersten Ranges.

Gerben – Entspelzen

Dinkel unterscheidet sich vom Weizen dadurch, daß seine Körner eng von den Spelzen umschlossen sind, er ist also nicht nacktkörnig wie derselbe. Das hat zur Folge, daß die Körner sich beim Dreschen bzw. Ernten mit dem Mähdrescher nicht lösen, und in einem separaten Arbeitsgang, dem „Gerben", entspelzt werden müssen. In ungegerbtem Zustand heißt der Dinkel noch Vesen, erst danach spricht man von „Kernen".

In der Schweiz wird für das Gerben auch der Ausdruck „Röllen" gebraucht. Wird der Spelz aufgebrochen, findet man mindestens zwei Körner, manchmal kommt auch ein drittes, schwächeres Korn zum Vorschein. Das Gerben ist heute nicht mehr so einfach wie in früheren Zeiten, wo die meisten Mühlen in Süddeutschland einen separaten Gerbgang besaßen, denn durch die fast vollständige Umstellung der Landwirte auf Weizen, sind nur noch ganz wenige Mühlen in der Lage, den Dinkel zu entspelzen. So haben sich Landwirte, die sich wieder auf Dinkelanbau spezialisiert haben, eigene moderne Maschinen zum Entspelzen zugelegt.

Das Gerben in den alten Gerbgängen geschieht noch wie in alten Zeiten. Zwei ca. 1,10 Meter große Mahlsteine, die aus grobem Sandstein mit höckerig-löchriger Oberfläche bestehen, liegen übereinander, dabei liegt der untere Stein still, der obere

Stein, Läufer genannt, dreht sich 150–200mal in der Minute. Der Abstand zwischen den beiden Steinen wird so eingestellt, daß er nahezu einen Millimeter weniger beträgt als die Stärke der Dinkelähren. Während des Drehens der Steine werden die Körner dann herausgedrückt. Anschließend befördert eine Saugvorrichtung das Gerbgut in eine Gerbmaschine, in der die Spelzen von den Körnern getrennt werden. Zuletzt werden die Körner noch gesiebt. Sind die Spelzen besonders fest, ist oft noch ein zweiter Gerbgang notwendig.

Ist der Spelz zu feucht zum Gerben, so kann es vorkommen, daß die Steine verschmieren und sie müssen mit dem Kronenhammer wieder aufgerauht werden, damit der Spreu aufgerissen werden kann. Wenn man bedenkt, daß sich beim Gerben bis zu 3% Staub entwickelt, ist es nicht verwunderlich, daß sich um diese mühsame Arbeit niemand gerissen hat.

Daher stammt wohl auch der schwäbische Spruch:
„Weibersterba got iber Kora gerba".

Doch diese zeitraubende Arbeit gehört der Vergangenheit an, denn die Dinkelackerstiftung hatte jetzt in der Bronnmühle bei Rottenburg eine neuartige Entspelzungsanlage in Betrieb genommen, die schneller und vor allem ohne größere Verletzungsgefahr für die Dinkelkerne, arbeitet.

Denn gerade bei den alten Gerbgängen wurde der Dinkel gerne beschädigt und konnte so nicht länger als vier bis sechs Wochen gelagert werden, da er, bedingt durch die kaum erkennbaren Abschürfungen, den Bakterien und anderen Mikroorganismen eine ideale Angriffsfläche bot.

Bedingt durch das schnelle Sauerwerden der Körner muß der Dinkel im Spelz gelagert werden, wo er dann wohl dem Weizen überlegen ist, aber auch 2,5mal mehr Raum zum Lagern benötigt, was sich besonders nachteilig beim Transport auswirkt.

So ergeben 100 kg rauher Dinkel, also mit dem Spelz, nach dem Gerben runde 70 kg reinen Dinkel bzw. Kernen.

Die noch heute auf Flohmärkten ab und zu auftauchenden schmalen, überlangen Zwillichsäcke stammen aus der Dinkelzeit. Denn die übergroßen Getreidesäcke konnten nur deswegen von den Bauern getragen werden, weil sie ein geringeres Gewicht als beispielsweise die des nackten Weizens hatten.

Ein Scheffel Dinkel (Vesen) wog etwa 75 kg und füllte gerade einen Sack voll. Eine besondere Erwähnung hat sich wohl Herr Dr. Eberhardt – Mehrstetten – verdient, der in seinem langen Leben bereits über 200 derartiger Säcke zusammengetragen hat und sie des öfteren der Öffentlichkeit zugänglich macht.

Spelz und Spreuer

Der Dinkel gehört, wie die nur noch in den Genbanken vorrätigen Weizenarten Einkorn und Emmer, zu der Gruppe der Spelzweizen. Das heißt, bei der Reife bleibt das Korn fest von den Blütenspelzen umschlossen.

Der Spelz umschließt die Dinkelkörner fest wie ein Ritter seine Rüstung, und läßt sich nur schwer davon trennen. Die Bezeichnung „Spelz" kommt zweifellos von dem alten Wort „spaltan", das gleichbedeutend ist mit aufspalten und drückt hiermit die Schwierigkeit aus, das Korn vom Spelz zu trennen. Auf der einen Seite hat der Spelz mit Sicherheit dazu beigetragen, dem Dinkel den Garaus zu machen, man bedenke nur das mühsame Gerben, auf der anderen Seite verhilft er ihm aber wieder auf die Beine zu kommen. Denn sein fester Panzer, eine fast undurchdringliche Verpackung, war sogar bei der Katastrophe von Tschernobyl nicht zu knacken. So konnte die Universität Konstanz nachweisen, daß durch die genannte Katastrophe die Dinkelkerne nur mit 5–7 Becquerel belastet waren. Zum Vergleich: Die EG-Kommission hat eine Höchstmenge von 600 Becquerel festgelegt.

Aber auch bei Bleimessungen hat der Dinkel überdurchschnittlich gut abgeschnitten. Ein unverwüstlicher Bursche also, aus altem Schrot und Korn.

Schon früher wußten unsere Altvorderen die harte Schale des Dinkels zu schätzen. Schützte es ihn doch besser vor Krankheiten wie den Brand, Vogelfraß und dem „Lagern", wenn er also durch einen Schlechtwettersturz zu Boden gedrückt wurde. Somit war er im Ertrag immer sicherer als der Weizen.

Ein ganz wichtiger Punkt, der besonders in unserer „High-Tech"-Zeit nicht vergessen werden darf, ist, daß der Dinkel bedingt durch seinen dicken Pelz (Spelz) keine Ährenbehandlung benötigt. Er muß also nicht gespritzt werden. Ein ausgesprochen schwäbischer Dickkopf eben. Daß er, bedingt durch den Spelz, sehr arbeitsintensiv und im Ernteertrag im Vergleich zum Weizen sehr bescheiden ist, gefällt den Wachstumsfanatikern unserer Zeit überhaupt nicht.

Aber wer zuletzt lacht, lacht am besten, Bescheidenheit hat noch niemandem geschadet. Am besten ist diese Eigenschaft an der Wiederverwendung der Spelzen, besser bekannt unter der Bezeichnung „Spreuer", zu erkennen.

Zuerst einmal eignete sich der Spreuer hervorragend zum Füllen von Schlafunterlagen, bekannt als „Spreuersäcke", besonders zum Füllen der Kindermatratzen war er bis in unsere Zeit hinein beliebt. In Spezialwerkstätten können heute noch mit Spreuer gefüllte Matratzen bezogen werden. Aber auch zum Herstellen von Polstermöbeln war der Spreuer sehr gefragt.

Eine wichtige Funktion erfüllte der Spreuer auch als Vieheinstreu und Viehfutter. Vermengt mit Gerbstaub und Schälkleie diente er der Gänse- und Hammelmast. Mit Kleie vermischt wurde er an die Pferde verfüttert. Spreu gekocht, wurde auch als Magenfüller für Mutterschweine verwendet, oder er dient untergepflügt als Dünger.

Aber noch sind wir nicht am Ende unserer Spreuergeschichten. Wenn Bauern früher auf die Märkte fuhren, verpackten sie die Eier in großen Weidenkörben und die Spelzen sorgten dafür, daß sie heil ankamen. Zudem diente er als Einstreu im Hühnerstall und war bei der Kückenaufzucht eine große Hilfe. Daß Spreuer auch beim Bauen Verwendung fand, ist Ihnen sicher bekannt. Er diente in Zwischenböden gelagert als Isoliermaterial und war den Mäusen zugleich ein ideales Winterquartier. Zudem mengte man ihn dem Lehm bei, um die Häuser damit zu verputzen und Steine zu fertigen.

So hat man 1975 bei Ausgrabungen in mehreren Siedlungen westlich vom Schwarzen Meer massenhaft Spelzabdrücke in gebranntem Lehm festgestellt. Geschätzt aus der Zeit zwischen 4500 und 4800 vor Christus. Der Spelz wurde also bewußt zum Strecken von Ton, zum Wandverputzen und der Keramikherstellung verwendet. Aber auch im Gesundheitsbereich war er von Nutzen. So legte man bei Bauchweh und Zahnschmerzen heiße Spreuersäckchen auf die jeweilige Stelle.

Aber auch zum Aufdecken von heimlichen Liebesbeziehungen mußte der Spreuer herhalten. Wollte der Nebenbuhler z. B. seinem Kontrahenten eins auswischen, so schlich er ihm des Nachts mit einem gefüllten Sack mit Spreuer nach und streute davon kräftig auf die Fährte. Am anderen Tag sorgte dann der Dorfklatsch für den Rest. Wurde der Verräter aber ertappt, mußte er sich Beschimpfungen wie „Du Kleiabeutel" oder „Du mit Deim Spreuersegele" gefallen lassen.

Dinkel im Volksmund

Ein Getreide wie der Dinkel, der jahrhundertelang der wichtigste Partner der Menschen, besonders im Südwesten unseres Landes, war, hat natürlich auch im Volksmund seinen Niederschlag gefunden. Leider sind durch den starken Rückgang des Dinkelanbaus auch ein Großteil der Sitten und Gebräuche verlorengegangen.

Aber wer suchet, der findet – und so sind wir unter anderem auf der Schwäbischen Alb noch auf allerlei alte Überlieferungen gestoßen.

So mußte z. B. der Acker, der für die Dinkelsaat ausgesucht wurde, nicht übermäßig vorbereitet werden, da er auch in grober Scholle gut gedeihen konnte.

Das finden wir in folgendem Vers angedeutet:
> *Dinkel en Scholla,*
> *ka ma Wäga voll hola.*

Aus dem Welzheimer Wald ist folgender Spruch überliefert:
> *Da Rogga neistäuba,*
> *da Haber neikleiba,*
> *da Denkel neischolla,*
> *no ka ma Garba hola.*

Im Bauland, also aus der Gegend von Bad Mergentheim, wo der Dinkel hauptsächlich als Grünkern geerntet wird, kommt folgender Bauernspruch:

> *Christine, Jagowi, Sankt Anna is Ern,*
> *schneid't mer kee Korn,*
> *so macht mer doch Keern.*

Unter Jagowi ist der hl. Jakobus gemeint. Wenn die Bauern an Jakobi in die Ernte gehen konnten, waren sie guter Dinge, die Ernte sicher einzufahren.

Da aber am 25. Juli der Schönwettergott nicht immer sein Wort hielt, wurde die Kraft des Ernteheiligen einfach auf den 24. Juli (Christine) und den 26. Juli (hl. Anna) ausgedehnt.

Als „Korn" ist der ausgereifte Dinkel gemeint, während „Keern" für Grünkern steht. Eine alte Bauernregel sagt, daß der Dinkel am Mittwoch oder Freitag ausgesät werden soll, damit die Saat nicht taub bleibe. Ebenso hört man, wenn an Veit (15. Juni) die ersten Dinkelähren zu sehen sind, man an Jakobi (25. Juli) schneiden kann.

Ein anderer Aberglaube berichtet:
Wenn während der zwölf Nächte (Weihnachten bis Dreikönig) zwölf Dinkelkörner nacheinander auf dem Löffel über das offene Feuer gehalten werden, ist an dem herausspringenden Korn abzulesen, in welchem Monat der Preis des Dinkels steigt.

Dem Dinkel wird auch nachgesagt, daß er vor Hexen schützt, und daß Dinkelbrot eine besondere Kraft besitzt. Nicht umsonst gab man früher kranken Ferkeln und Hunden gekochten Dinkel zum Fressen. Dinkel wurde jahrhundertelang in der Hauptsache als Brei gegessen. Auf der Schwäbischen Alb ist er meistens als „Schwarzer Brei" bekannt. Denn hier wurde der Dinkel zuerst angeröstet, dann geschrotet und dann erst gekocht.

Er ist auch als Habermus bekannt. Nicht zu verwechseln mit dem Hafer. Haber bedeutet nämlich soviel wie Lebensspender und die in alten Mythen und Sagen umwobene „Habergoiß" war ein Lebensgeist.

Der alemannische Dichter Hebel sagt dazu:
„Chömmet Chinder,
esset Habermus,
wachset und trüeihet" *(gedeihet).*

Auch der bekannte Kräuter-Pfarrer Künzle fand für die „Nahrung unserer Väter" nur gutes zu berichten. An Habermus gewöhnte Leute sind gesund, humorvoll, können schlafen wie Bären, sind aber nicht bärbeißig wie dieselben. Die Kinder sind rotwangig, pausbäckig und schauen drein wie Gottes liebe Sonne im Heuet. Ja, der Dinkel hat's wohl in sich.

Über das Mus selbst habe ich noch einige recht lustige Geschichten und Anekdoten aufgeschnappt:
So berichtete mir eine alte Bäuerin, daß es wohl ratsam war, pünktlich zum Musessen zu erscheinen, denn wer als letzter am Tisch Platz nahm, erhielt den schlechtesten Platz und der war, da das Mus grundsätzlich in der Muskachel serviert wurde, am Pfannenstiel.

Wenn jemand besonders arm war, so galt der Spruch:
„Wenn dia kochat, guggt (schaut) der Pfannenstiel zur Haustür naus". Denn nicht selten war im Hausflur auch gleich die Küche untergebracht.

War die Musköchin nicht gerade mit Schönheit gesegnet, konnte es schon sein, daß sie mit dem Spottvers „Dir henses Mus au mid dr Schaufel gfuttert" aufgezogen wurde.

Davon ausgehend, daß Butter oder Schmalz immer vorrätig waren, wurde das Mus kurz vor dem Essen mit zerlassener Butter bzw. Schmalz abgeschmelzt.

In Notzeiten, also im Krieg oder bei Mißernten, hing ersatzweise über dem Tisch ein „Saunabel", um daran wenigstens den Löffel einzufetten. Gehen wir aber davon aus, daß der liebe Gott die Seinen mit ausreichend Butter und Schmalz versorgt hatte, so gab es deswegen doch jahrhundertelang Grund zum Streit.

Denn jeder Musbeteiligte durfte mit der Unterseite seines Löffels eine Vertiefung in den Brei drücken, damit sie sich mit dem köstlichen Fett fülle. Daß hier natürlich nach allen Regeln der Kunst geschummelt wurde, versteht sich von selbst.

Auf manchen Höfen war auch Sitte, daß der Oberknecht zuerst seinen „Buttersee" anlegen durfte. War er nun mit seinen Untergebenen nicht zufrieden, drückte er es nicht selten dadurch aus, daß er sich eine besonders große Vertiefung anlegte. So bekam jeder sein Fett ab, sei es auch nur, daß er manchmal leer ausging.

Besonders verärgert war darüber einmal die neue Haushälterin des Herrn Pfarrer. Es soll sich wie folgt ereignet haben:
Die neue Haushälterin des Herrn Pfarrer beobachtete mit Miß-behagen, wie der hochgeistliche Herr beim gemeinsamen Mus-essen das Beste, nämlich die Butterschmelze, geschickt auf seine Seite lotste. Als er nun wieder beim Tischgebet anfing: „Im Namen des Vaters, des Sohnes und des Heiligen Gei-stes …", und bei jedem Namen mit seinem Löffel eine Furche in seine Richtung in das Mus zog, auf daß die Butter auf seine Seite floß, stieß die erboste Haushälterin ihren Löffel nun ihrer-seits in das Mus, und sprach: „Und das ist für die anderen Heili-gen. Amen".

Dinkel und der Umweltschutz

Von Albert Schweitzer stammt das Wort: „Der Mensch hat die Fähigkeit zur Voraussicht verloren. Er wird am Ende die Erde zerstören."

Wer will ihm diesen Ausspruch schon verübeln. Täglich werden wir ja mit Horrormeldungen wie Waldsterben, Wasserverseuchung, Ozonloch, Robbensterben, Ölpest etc. darin bestärkt. „Macht Euch die Erde untertan" müssen verschiedene der Spezies Mensch wohl falsch verstanden haben. Aber was ist denn plötzlich in uns gefahren, jahrhundertelang ging es mit uns doch ganz gut. Auf jeden Fall solange wir im Einklang mit der Natur gelebt haben.

Das hat sich allerdings geändert, als mit Justus von Liebig (1803–1873) der Mineraldünger in die Landwirtschaft einzog. Eine Art agrar-ökonomischer Revolution griff um sich. Dazu ein Beispiel aus einem kürzeren Zeitraum: Die inländische Bruttoproduktion ist seit 1950 bis in die Mitte der achtziger Jahre um 50% gestiegen, die Getreideerträge konnten gar um 100% angehoben werden. Am Anfang stiegen die Erträge gar um das Vierfache. Den größten Anteil hat allerdings nach wie vor die Züchtung.
Wenn man bedenkt, daß unsere Erde bis zu ihrem Mittelpunkt zwar etwa 6000 Kilometer mißt, aber in einer vergleichsweise

dünnen Humusschicht von ca. 30 Zentimetern unsere Pflanzen die Kraft zum Wachstum schöpfen, muß man sich fragen, wie lange unsere Erde diesen Raubbau noch aushalten kann.

Schwer zu schaffen machen dürften uns in Zukunft die chemischen Behandlungsmittel (z. B. Pestizide und Herbizide). Das sind Stoffe, die gezielt eingesetzt werden, um Organismen (Schädlinge und Krankheitserreger) auf chemischem Wege abzutöten oder zu schädigen.

In der Bundesrepublik wurden 1987 Pestizide im Wert von 4,18 Milliarden DM verkauft. Davon entfallen allein auf das Inland der Bundesrepublik Deutschland 1,5 Milliarden DM. Zum Vergleich: 1950 verbrauchte der Landwirt pro Hektar 0,7 kg Pestizide. 1987 lag er im Durchschnitt bereits bei 2,7 kg. Eines muß uns klar sein, überall wo diese Mittel eingesetzt werden, vernichten sie nicht nur Schädlinge, sondern häufig auch deren natürliche Feinde. So kommt es selbstverständlich immer wieder zu übermäßiger Vermehrung der Plagegeister, denn ein wichtiger Bremsmechanismus ist ja ausgeschaltet, der das Ökosystem im Gleichgewicht hält. Und das heißt dann, vermehrter Einsatz dieser „Wunderwaffe".

Wer nun aber glaubt, die Landwirte seien allein die „Giftsprüher" der Nation, der irrt sich. Sie liegen wohl mit an der Spitze. aber die Forstwirte, Gewerbe- und speziell die Hobbygärtner, die Kommunen mit ihren Sportplätzen, Parks etc. und die anderen kleinen Saubermänner der Nation tragen ihren Anteil dazu bei.
Daß der konventionelle Landbau bei den heutigen agrarpolitischen Rahmenbedingungen auf die Pestizide nicht verzichten

kann, ist „unbestritten". Nur, daß es auch anders geht, zeigt die ständig steigende Zahl der alternativ wirtschaftenden Bauern. Und hier müßten sich unsere Politiker verstärkt engagieren, bevor unsere Umwelt noch mehr zerstört wird, wie Ihnen folgende Zahlen beweisen mögen:
Seit 1960 mehren sich die Beobachtungen über einen verstärkten, sich zum Teil dramatisch beschleunigenden Rückgang vieler Tier- und Pflanzenarten.

1977 wurde in Deutschland erstmals eine rote Liste über gefährdete, bedrohte oder ausgestorbene Pflanzen- und Tiergruppen angelegt. Darin enthalten sind:
44% aller Wirbeltiere, 33% aller Großschmetterlingsarten, 51 % aller Libellen und 26% der Blüten- und Farnpflanzen.

Dazu gehören jährlich 3000 bis 5000 Bienenvölker, die den Pestiziden zum Opfer fallen. Manch einer wird sagen, was sich so aufregen, ist doch meistens Ungeziefer oder Unkraut. Nun, hoffentlich gehören Sie nicht eines Tages zu dem Teil der Menschheit, der sich als Unmensch beschimpfen lassen muß, weil er mitverantwortlich war für die Vernichtung wertvoller Rohstoff-, Energie-, Nahrungs- und Heilmittellieferanten. Zudem benötigen unsere Nutzpflanzen und Tiere zur Resistenzzüchtung und Erbgutauffrischung immer wieder die Einkreuzung von Wildarten (Quelle: Garten ohne Gift).

Zum Glück erheben sich immer mehr Stimmen mit der Forderung, diesem tödlichen Kreislauf endlich ein Ende zu bereiten, denn nicht nur unsere Natur ist bedroht, auch uns Menschen droht Gefahr. So kann niemand voraussagen, welche langfristig auftretenden Schäden uns noch erwarten.

Die letzte Hiobsbotschaft, die uns erreicht hat, besagt, daß nun auch noch unsere Lebensgrundlage Nr. 1, das Trinkwasser, dauerhaft gefährdet ist. Jährlich erhöht sich der Nitratgehalt des Grundwassers durchschnittlich um mindestens ein bis zwei Milligramm pro Liter. Nach den neuen EG-Richtlinien kann fast jedes fünfte der 6300 Wasserversorgungswerke in Deutschland diese Werte nicht einhalten.

Im Gleichklang mit Ökologen fordert der Vorstand des Bundesverbandes der deutschen Gas- und Wasserwirtschaft Verbote von Pflanzenschutzmitteln. Der Bund für Umwelt und Naturschutz hat soeben eine auf zwei Jahre angelegte Kampagne „Schützen statt Spritzen" gestartet und dem wollen wir uns mit vollem Herzen anschließen.

Es ist höchste Zeit, daß unsere Politiker aufwachen, denn es kann nicht nur ihre Aufgabe sein, Lebensmittel im Überfluß zu erzeugen, sondern auch dafür zu sorgen, daß unsere Umwelt wieder in Ordnung kommt bzw. das zu erhalten, was davon noch übrig ist. Schreiben Sie an Ihren Abgeordneten und fordern Sie ihn auf, sich verstärkt für den alternativen Landbau einzusetzen.

Um die Umstellung für den Landwirt finanziell attraktiv zu machen, könnten finanzielle Mittel aus Abgaben auf Mineraldünger und Pestizide – von Ökologen schon lange gefordert – eingesetzt werden. Zudem könnte man so der Überschußproduktion entgegenwirken und die Millionensummen, die von der EG für die Vernichtung von Lebensmitteln ausgegeben werden (1988 waren es ca. 650 Millionen DM) sinnvoll anlegen.

Und hier ist es an der Zeit, daß wir den Dinkel wieder ins Spiel bringen. Denn es gibt wohl kein anderes Getreide, das sich derart gut für die alternative, aber auch für die breite Landwirtschaft anbietet, um ein ökologisch wertvolles Getreide zu erzeugen, wie die Jahrtausende alte Brotfrucht unserer Ahnen.

– Der Dinkel gedeiht auch in Landstrichen, wo der Boden karg und das Klima für den Weizen zu rauh ist.

– Er ist weniger empfindlich gegen Unwetter, verträgt leichter Nässe, wintert nicht so leicht aus, ist nicht so anfällig für Rost und Brand, zudem hat er weniger tierische und pflanzliche Feinde. Er paßt sich jeder Fruchtfolge leicht an, da er nicht so anspruchsvoll auf gute Vorfrucht ist.

– Das Saatgut muß beim Dinkel nicht „gebeizt", also chemisch gegen Schädlinge behandelt werden, denn bedingt durch seinen dichten Spelz, ist er optimal gegen natürliche Feinde geschützt.

– Der Dinkel benötigt kein allzu feines Saatbeet. Der Boden kann also verhältnismäßig rauh bzw. großschollig gelassen werden.

– Durch den Schutz des Spelzes kann der Bauer im Frühjahr ohne Bedenken, wegen der Verletzung des Saatgutes, mit der Egge die Unkrautbekämpfung vornehmen.

– Als Düngung genügt dem Dinkel im Normalfall Kompostjauche, die im Frühling ausgebracht wird. Je nach Vorfrucht wird auch mit Mistkompost, der mit biologisch-dynamischen Präparaten versehen ist, gedüngt.

– Spezielle Pflanzenschutzmaßnahmen sind beim Dinkel nicht erforderlich. Hier macht sich wieder sein dichter Spelz vorteilhaft bemerkbar, hält er sich doch die von uns verschmutzte Luft, den sauren Regen und die damit verbundenen Krankheiten vom Leibe. Gegen Zwergsteinbrand muß er allerdings genauso behandelt werden wie der Weizen.

– Dinkel verfügt über ein reichverzweigtes Wurzelwerk und besitzt dadurch ein hohes Stickstoffaneignungsverfahren. Damit bietet sich mit dem Dinkel eine interessante Kulturart für die immer schwieriger werdende Bewirtschaftung von Wasserschutzgebieten an.

– Der 1,50 m hohe Halm des Dinkels hat den Nachteil, daß er bei Unwettern leicht umgedrückt wird, man spricht hier auch von „lagern". Im konventionellen Landbau werden hier gerne Halmverkürzer, vornehmer ausgedrückt, Wachstumsregler eingesetzt. Das bringt wohl den Vorteil, daß die Pflanzen standhafter werden, der Preis dafür aber ist, daß nun mehr Luft und Sonne die Erde erreicht und somit das Wachstum der Unkräuter begünstigt. Die Folge: Der Bauer muß nun häufiger gegen das unerwünschte Unkraut spritzen.

Fazit: Laßt den Dinkel wie er ist, sind wir glücklich darüber, daß uns Mutter Natur in weiser Voraussicht eine Pflanze geschenkt hat, die uns für die Zukunft hoffen läßt.

Es liegt nun in unserer Hand, dem Dinkel wieder eine Chance zu geben. Denn jede für den Dinkel investierte Mark ist ein Schritt in eine bessere, gesunde Umwelt.

Zum Abschluß unseres Körnerreigens lassen wir uns nun noch in andere Sphären entführen und lauschen den Worten Noahs an seine Nachfahren:

> *„Ja, ehmals, vor der Flut, gab es Getreide,*
> *mit markig-dicken, milchdurchdrungenen Ähren,*
> *nach den Gestirnen duftend, sieben Sorten,*
> *und wer sie aß, der wurde niemals krank.*
> *Dann schrumpften sie und wurden hart und dürr,*
> *weil wir den Himmel, den wir aßen, ach!*
> *vergaßen ...“*

Grünkern

Allgemein

Schon seit über 300 Jahren wird in Süddeutschland, besonders zwischen dem Odenwald und der Tauber im sogenannten Bauland, Dinkel angebaut und im unreifen Zustand geerntet. Daher auch der Name „Grünkern". Bereits um das Jahr 1660 wurde Grünkern als Marktfrucht urkundlich erwähnt. Die Grünkernerzeugung ist mit ziemlicher Sicherheit aus der Not heraus geboren worden. Denn ungünstige Witterung oder kriegerische Einwirkungen zwang die Bauern, den Dinkel im grünen Zustand zu ernten und im Ofen zu trocknen. Durch seinen herzhaften Geschmack wurde er schnell von unseren Altvordern in den Küchenzettel aufgenommen und ist heute noch als Spezialität geschätzt, und das, obwohl er jahrhundertelang als Nahrung der armen Leute galt.

Im 20. Jahrhundert erlebte der Grünkern viele Hochs und Tiefs. Zeitweise wurde er in die ganze Welt versandt. So wurden vor dem Zweiten Weltkrieg jährlich ca. 400 Zentner Grünkern in die USA zur Armenspeisung der Quäker exportiert.

Nach dem Krieg konnten die Handelsbeziehungen nicht mehr aufgenommen werden. Zudem war der Weizen nun auf dem Vormarsch und verdrängte den Dinkel vollends vom Markt. So kam es in den fünfziger Jahren zu erheblichen Überschüssen, was sich darin ausdrückte, daß die Preise total verfielen.

Daß der Dinkelanbau bzw. die Grünkerngewinnung dennoch überlebte, ist in erster Linie seiner Anspruchslosigkeit, seinem Gedeihen auf geringeren nicht weizenfähigen Böden sowie der Traditionsverbundenheit der Dinkelanbauer zu verdanken.

Des weiteren erleichterte die Einführung der Mähdrescher und modernen Darranlagen die Arbeit der Dinkelbauern. In den sechziger Jahren schlossen sich die Grünkernanbauer zusammen und gründeten die „Vereinigung fränkischer Grünkernerzeuger Boxberg e. V." und führten den Vertragsanbau ein. Dies und nicht zuletzt das Streben nach wohlschmeckender, gesunder Vollkornernährung sichert den Grünkernerzeugern eine neue, sichere Zukunft.

Doch stehen einer Anbauerweiterung gewisse Schwierigkeiten im Wege. Zum ersten stehen nur bedingt Gerb- und Darranlagen zur Verfügung und zweitens ist die harte Arbeit der Grünkerngewinnung nicht jedermanns Sache.

Anbau

Für die Grünkernerzeugung wird ausschließlich die Dinkelsorte „Bauländer Spelz" der ZG Karlsruhe, Raiffeisen-Zentralgenossenschaft eG, Saatbau und Vertrieb, Hauptstraße 96, 6935 Waldbrunn-Oberdielbach, verwendet. Er ist den Sorten „Rouquin" aus Belgien sowie „Ostro", „Altgold" und „Oberkulmer" aus der Schweiz in der Farbe, dem Geschmack und in der Glasigkeit überlegen. Dafür läßt er im Ertrag und in der Standfestigkeit zu wünschen übrig. Um dem zu begegnen, wird im konventionellen Landbau bei Bedarf der Wachstumsregler „Cycocel" eingesetzt. Dafür entfällt beim Grünkernanbau grundsätzlich die N-Spätdüngung zum Ährenschieben, da er ja schon grün geerntet wird.

Der Dinkel wird kurz vor Ende der Teigreife geerntet. In diesem Zustand läuft beim Brechen des Korns noch eine weiße milchähnliche Flüssigkeit aus, wie z.B. beim Löwenzahn oder der Schwarzwurzel, und das Korn selbst hat noch keine feste Struktur. Die Zuckerbestandteile haben sich noch nicht in Stärke umgesetzt. Dadurch ist er leicht verdaulich und vitaminreich. Die zehntägige Ernte ist Ende Juli ein Wettlauf mit der Zeit. Hier wird Tag und Nacht gearbeitet. Denn bei hochsommerlichem Wetter schreitet der Reifeprozeß schnell voran und es besteht stündlich die Gefahr, daß der Dinkel von der Grün- in die Gelbreife übergeht. Um dieser Gefahr vorzubeugen, wird nach Möglichkeit der Anbau auf Süd- und Nordlagen verteilt.

Der einzige Vorteil bei der Grünkernernte ist der, daß sie vor der eigentlichen Getreideernte durchgeführt werden kann.

Das „Darren"

Das Ernten und Darren war schon immer eine mühselige harte Arbeit. Die heutige Technik hat hier doch einiges an Erleichterung gebracht.

So wird heute, im Gegenteil zu früher, wo noch mit der Sichel geerntet wurde, schnell und rationell mit dem Mähdrescher eingefahren.

In alten Zeiten wurden die Ähren nach dem Schnitt mit einem „Reff" vom Stroh getrennt. Das Reff, auch Reffe genannt, ist ein rechenähnliches Gerät mit eingestellten eisernen Zähnen, durch die die Halme gezogen wurden. Die Ähren fielen dabei in einen Holzkasten und wurden anschließend in Säcke gefüllt und gleich zur Darre gebracht.

„Das Darren der Ähren hatte dabei möglichst schnell zu erfolgen, da sich bei zu langem Stehenlassen in den Säcken die Ähren leicht erhitzen und in Gärung geraten, wodurch Farbe und Geruch des Kornes leiden. Die Grünkerndarren sind feldscheunenartige kleine Gebäude, die sich wegen der Feuergefahr außerhalb der Wohngemeinden befinden. Meistens besteht der Unterbau aus Ziegelsteinen, und darüber ist ein einfaches Wetterdach, gegen Wind und Regen Schutz bietend, angebracht. Die Darrfläche beträgt etwa 4–12 m^2 und besteht aus durchlöchertem Eisenblech, auf das die Ähren geschüttet werden. Unter dem Blech befindet sich eine einfache Feuerstelle, in der durch Verbrennen von Holz Wärmegase erzeugt werden, die nach oben steigen und das Trocknen (Rösten) der Ähren bewirken. Der Röstprozeß dauert in der Regel 2–5 Stunden. Fleißiges Umschaufeln ist unerläßlich, da sonst die Gefahr des Verbrennens besteht. Während der Erntezeit sind die Grünkerndarren Tag und Nacht in Betrieb, um möglichst rechtzeitig einen guten Grünkern bereiten zu können; denn von Tag zu Tag schreitet der Reifeprozeß fort, und wenn der Spelz aus der Milchreife zur Gelbreife gekommen ist, kann man keinen guten Grünkern mehr herstellen." (W. Brouwer)

Früher wurden nach dem Darren die Ähren mit dem Dreschflegel ausgedroschen. Dabei wurden die einzelnen Ährchen von der Spindel getrennt und in der Putzmühle von Spelzanteilen und sonstigen Abgängen gereinigt. Dann wurde der Grünkern gegerbt und nochmals durch die Windfege gereinigt.

Wie gesagt, so war's einmal.

Heute erfolgt das Darren in modernen Anlagen, die von den Landwirten nicht selten gemeinsam angeschafft und betrieben werden. Die Grünkernernte, die noch ca. 40–50% Wasser enthält, wird anschließend sofort zum Darren gebracht, um dort mit 120–180° C gedörrt zu werden.

Es handelt sich dabei um indirekte Anlagen, das heißt, die Trocknungsluft wird über einem Holzfeuer angesaugt. Versuche den Grünkern mit durch Ölfeuerung erhitzter Luft zu darren, wurden wieder eingestellt, da der typische Rauchgeschmack des Holzes vermißt wurde.

Nach dem Darren geht das Korn zur Gerbmühle, um dort entspelzt zu werden. Der fertige Grünkern hat jetzt noch einen Wasseranteil von 10–12% und ist unbegrenzt lagerfähig.

Die Grünkernerzeuger stellen an ihre Produkte strenge Qualitätsanforderungen, wie folgende Aufstellung beweist:
1. nur die Sorte „Bauländer Spelz"
2. ausreichend Hartholz beim Darren für den typischen Rauchgeschmack
3. genügend hohe Darr-Temperaturen mit etwa 150° C
4. Wassergehalt maximal 14%
5. Rückstandsfreiheit vor chemischen Mitteln für Pflanzenschutz oder Vorratsschutz (keine Ährenbehandlung)

6. sehr geringer Fremdbesatz von Unkraut oder anderen Getreidearten
7. Hauptkriterien für die Bonitierung:
   frühe Ernte, gemessen an Zahl der grünen Körner

Ausstich	sind 90%
Sorte I	sind 80%
Sorte II	sind 70%
Sorte III	sind 60%

Eigenschaften und Verwendung

Grünkern enthält neben Eiweiß, Fett und Kohlenhydraten zahlreiche Mineralstoffe. Es kann im Durchschnitt mit folgenden Inhaltsstoffen gerechnet werden:
12,3% Rohprotein (davon 0,47% Lysin, 0,24% Methionin, 0,55% Phenylalanin, 0,4% Threonin, 0,51% Valin, 0,81% Leucin und 0,43% Isoleucin), 62,5% Kohlenhydrate (davon 6% Gesamtzucker), 7,3% sonstige N-freie Extraktstoffe, 3% Fett, 1,9% Rohfaser, 1,9% Asche und 11,1% Wasser.

100 g Grünkern enthalten folgende wichtige Mineralstoffe:
410 mg Phosphor, 600 mg Kali, 40 mg Kalzium, 115 mg Magnesium, 2 mg Natrium und 6,5 mg Eisen. Der Energiegehalt liegt bei 1470 kJoule bzw. 350 kcal je 100 g Grünkern.

Als Nahrungsmittel ist der Grünkern dank seiner Schmackhaftigkeit und seines Nährwertes z. B. dem Reis und Sago weit überlegen. Bedingt durch die Ernte im grünen Zustand ist auch ein hoher Gehalt an Vitaminen gewährleistet.
Grünkern bläht auch nicht, liegt nicht schwer im Magen und fördert sogar die Verdaulichkeit der mit ihm eingenommenen

Speisen. Aufgrund dieser Eigenschaften ist er für die Diätküche bestens geeignet. Schon vor über 100 Jahren wurde er im Heilbad Kissingen als Diätnahrung bei Verdauungsschwierigkeiten eingesetzt.

Nicht umsonst ist aus der Sicht der Ernährungswissenschaft die Rückbesinnung auf diese fast in Vergessenheit geratene Frucht begrüßenswert.

Vielen von uns wird der Grünkern nur noch als Suppeneinlage bekannt sein. Wird doch auch noch heute ein Großteil des Grünkerns von der Suppenindustrie aufgekauft, die dann das Grünkernmehl als Trägerkomponente für ihre Würzen und als Grundbestandteil von Fertigsuppenmischungen verwendet.

In Süddeutschland gehörte die Grünkernsuppe traditionsgemäß zu jedem Festessen. Sehr beliebt war sie auch bei der Ernte, „da sie den Arbeitern bei der Hitze wohl bekommt, gut nährt und nicht soviel Schweiß verursacht".

Entsprechend dem „Schwarzen Brei" auf der Schwäbischen Alb, war im Bauland ein Brei aus Grünkerngrütze lange Zeit eine beliebte Speise der Landbevölkerung. Man würde jedoch dem Grünkern nicht gerecht werden, würde man ihn nur als Suppeneinlage abstempeln. Seine Vielseitigkeit drückt das Angebot an Grünkerngrütze, -mehl, -grieß, -flocken, -graupen oder als ganzes Korn aus. Die Bäuerinnen des Baulandes haben in dieser Richtung schon dem Erfinder der feinen Küche, George Auguste Escoffier, der seiner Grünkernsuppe den Namen der Ährengöttin „Ceres" gab, mit ihren Klößen, Bratlingen, Aufläufen und Beilagen große Konkurrenz gemacht.

Aber auch zu Salaten und Süßspeisen wird er von seinen Anhängern verarbeitet. Auf jeden Fall stellt er eine große Bereicherung auf dem Speisezettel der alternativen und neuen Küche dar. So gehört er heute schon zum Standardprogramm der Reformhäuser und Bioläden.

Allerdings kann im Moment der Bedarf nach biologisch angebautem Grünkern von den Bundschuhbauern in Boxberg nicht abgedeckt werden, so daß selbst in den Naturkostläden überwiegend konventionell angebauter Grünkern angeboten wird.

Rezepte

Dinkelschrot-Müsli

8 EL Dinkelschrot · Wasser nach Bedarf
4 EL ungeschwefelte Rosinen
2 große Äpfel · 1 Banane
3 EL geröstete, gehackte Mandeln
100 ml Sahne (evtl. auch geschlagen)
200 g Früchte je nach Jahreszeit
½ TL Bourbon-Vanille · Prise Zimt
4 EL Birnendicksaft oder Honig

Zubereitung: Dinkelschrot mit Wasser zu einem dickflüssigen Brei anrühren und 5–12 Stunden (evtl. über Nacht zugedeckt) quellen lassen. Rosinen ebenfalls in Wasser einweichen und mind. 1 Stunde ziehen lassen. Den Brei mit Honig und den Gewürzen vermischen, Sahne, Mandeln und die abgetropften Rosinen zugeben und mit dem kleingeschnittenen Obst vermischen.

Hinweis: Anstelle der Rosinen kleingeschnittene Aprikosen oder entsteinte Datteln verwenden.

Dreikornschrot-Müsli

10 EL Getreideschrot (Dinkel, Hafer, Gerste)
Wasser nach Bedarf
1 Becher Kefir oder Dickmilch
1 Banane · 2 große Birnen · 1 Kiwi
1 Orange · 1 großer Apfel
4 EL gehackte Walnüsse · 4 EL Kokosflocken
½ TL Bourbon-Vanille
4 EL Honig oder Ahornsirup

Zubereitung: Den Getreideschrot mit Wasser nach Bedarf zu einem dickflüssigen Brei anrühren und 5–12 Stunden (oder über Nacht zugedeckt) quellen lassen. Den Brei mit Kefir, Honig, Vanille anrühren, Kokosflocken und Nüsse zugeben und das kleingeschnittene Obst unterheben.

Hinweis: Anstelle von Kefir, Fruchtbioghurt verwenden. Das Müsli mit geschlagener Sahne garnieren.

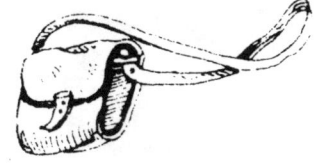

Grünkern-Möhren-Müsli

8 EL Grünkernflocken
1 Becher Bioghurt
1 mittlere Möhre
2 Äpfel
3 EL geröstete Sonnenblumenkerne
2 EL gerösteten Sesam
4 EL Apfeldicksaft
Saft 1 Zitrone

Zubereitung: Flocken in trockener, heißer Pfanne anrösten, Sesam und Sonnenblumenkerne mitanrösten und abkühlen lassen. Möhre raspeln, Äpfel in kleine Würfel schneiden und mit Zitronensaft beträufeln. Den Joghurt und Apfeldicksaft mit den Flocken vermischen und das Obst zugeben.

Hinweis: Mit geschlagener Sahne garnieren.

Rosinen-Dinkel-Müsli

100 g Dinkelflocken
½ l Milch · 2 EL Honig
1 Apfel · 1 Banane · 1 Kiwi
100 g ungeschwefelte Rosinen
2 EL gehackte Haselnüsse
½ TL Bourbon-Vanille
Prise Zimt

Zubereitung: Die Flocken 1 Stunde in der Milch einweichen, eventuell kurz ankochen. Die Rosinen gut waschen, abtropfen und in Wasser 1 Stunde einweichen lassen. Honig, Vanille und Zimt zugeben, Äpfel, Kiwi und Banane in kleine Würfel schneiden, mit den Rosinen, Honig und Nüssen alles vermischen und in das Müsli geben.

Hinweis: Als Garnierung geschlagene Sahne verwenden.

Dinkel-Aprikosen-Aufstrich

200 g Wasser oder Apfelsaft
100 g feines Dinkelschrot
100 g getrocknete Aprikosen
50 g weiche Butter
4 EL gemahlene Walnüsse
1 TL Bourbon-Vanille · Prise Ingwer
Orangensaft nach Bedarf
4 EL Ahornsirup

Zubereitung: Wasser zum Kochen bringen, Dinkelschrot einrühren, aufkochen und auf ausgeschalteter Platte 15 Minuten
ziehen lassen. Ahornsirup, Ingwer und die Vanille zugeben.
Aprikosen kleinschneiden, Butter in kleine Stücke teilen und
alle Zutaten zusammen in der Moulinette zu einer Creme verarbeiten. Bei Bedarf Orangensaft zugeben, bis die gewünschte
Konsistenz erreicht ist. Hält sich im Kühlschrank bis zu zwei
Wochen.

Hinweis: Statt der Walnüsse Mandeln verwenden.

Deftiger Dinkel-Brotaufstrich

200 g Gemüsebrühe · 100 g Dinkelschrot
1 Zwiebel · 2 Knoblauchzehen
1 rote Gemüsepaprika
1 kleine Stange Lauch
50–80 g weiche Butter
3 EL frische Kräuter · 50 g gemahlene Mandeln
Selleriesalz · Paprikapulver, edelsüß
Prise Muskat

Zubereitung: Gemüsebrühe zum Kochen bringen und den Dinkelschrot mit dem Schneebesen einrühren, einmal aufkochen und auf ausgeschalteter Platte 15 Minuten quellen lassen. Zwiebel und Knoblauch in kleine Würfel schneiden und in Kokosfett 5 Minuten andünsten. Paprika in kleine Würfel und den Lauch in feine Streifen schneiden, zu den Zwiebeln geben und mitdünsten, bis alles glasig ist. Kräuter grob schneiden, Butter in kleine Stücke teilen und alle Zutaten zusammen in der Moulinette zu einer Creme verarbeiten. Im Kühlschrank aufbewahrt (am besten in einem Schraubglas) hält sich der Brotaufstrich bis zu zwei Wochen.

Hinweis: Statt der Mandeln Walnüsse verwenden.

Grünkern-Nuß-Aufstrich

100 g Grünkernschrot
200 g Gemüsebrühe
1 Zwiebel
50–80 g Cashewnüsse
60–80 g weiche Butter
2 EL frischen Basilikum
Prise Kräutersalz
1 TL Curry

Zubereitung: Gemüsebrühe zum Kochen bringen und den Grünkernschrot einrühren, einmal aufkochen und auf ausgeschalteter Platte 15 Minuten ziehen lassen. Zwiebel in kleine Würfel schneiden und in Kokosfett andünsten, bis sie glasig sind. Basilikum grob schneiden, Butter in kleine Stückchen zerteilen und alle Zutaten zusammen in der Moulinette zu einer Creme verarbeiten. Im Kühlschrank hält sich der Brotaufstrich mindestens zwei Wochen.

Grünkern-Brotaufstrich

200 g Gemüsebrühe
100 g Grünkernschrot
1 roter Gemüsepaprika
80 g weiche Butter
3 EL frische Petersilie
1 TL Majoran
Paprikapulver, edelsüß

Zubereitung: Gemüsebrühe zum Kochen bringen und mit dem Schneebesen den Grünkernschrot einrühren, einmal aufkochen und auf ausgeschalteter Platte 15 Minuten ausquellen lassen. Paprika in kleine Würfel schneiden und in Kokosfett glasig dünsten. Petersilie grob schneiden. Alle Zutaten in die Moulinette geben und zu einer Creme verarbeiten. Im Kühlschrank 1 Stunde kaltstellen. Im Kühlschrank hält sich der Aufstrich 14 Tage.

Grünkern-Käse-Salat

1 Tasse Grünkern (100 g)
2 Tassen Gemüsebrühe (200 g)
1 Lorbeerblatt · 1 kleine Stange Lauch (nur das Helle verwenden)
1 roter Gemüsepaprika · 100 g Berg- oder Goudakäse
60 g gehackte Haselnüsse · 1 große Birne · 1 kleine Sellerie
2 EL Schnittlauchröllchen · 3 EL Zitronensaft · 2 EL Weinessig
8 EL kaltgepreßtes Sonnenblumenöl
Selleriesalz, Pfeffer, Curry, Paprikapulver, edelsüß

Zubereitung: Grünkern, Lorbeerblatt und Gemüsebrühe ca. 30–40 Minuten köcheln und auf ausgeschalteter Platte 20 Minuten ziehen lassen. Lauch in feine Streifen, Paprika, Käse, Sellerie und Birne in kleine Würfel schneiden. Zitronensaft, Essig und Öl verrühren (evtl. etwas saure Sahne zugeben), mit allen anderen Zutaten vermischen und mit den Gewürzen abschmecken.

Hinweis: Sie können auch anderes Gemüse der Saison verwenden (Kohlrabi, Möhren, Radieschen usw.), auch Blattsalate (Chinakohl) oder Chicoree sind möglich.

Dinkelkörner-Salat

1 Tasse Dinkelkörner (100 g)
2 Tassen Wasser (200 g)
1 Salatgurke · 2 Tomaten
1 grüner Paprika · 2 EL gewiegte Kräuter
Kräutersalz, Pfeffer
Curry, Chinagewürz
2 EL kaltgepreßtes Distelöl, 1 Bioghurt
100 g Schafskäse zum Bestreuen

Zubereitung: Dinkelkörner mit Wasser über Nacht einweichen, 30–40 Minuten köcheln und auf ausgeschalteter Platte 30 Minuten quellen lassen. Gurke und Paprika in Würfel, Tomaten in Scheiben schneiden, Joghurt, Öl und Kräuter verrühren, alle Zutaten vermischen und mit den Gewürzen abschmecken. Mit zerbröckeltem Schafskäse (oder in kleine Würfel geschnitten) den Salat bestreuen.

Hinweis: Sie können auch anderes Gemüse je nach Saison verwenden (Blumenkohlröschen, Erbsen, frische Pilze usw.). Anstelle von Bioghurt können Sie auch Sahne nehmen.

Dinkel-Lauch-Tomaten-Salat

100 g Dinkelkörner
2 Stangen Lauch (ca. 300–400 g)
400–500 g Tomaten
2 EL gehackte Salatkräuter
Saft 1 Zitrone
1 Becher Joghurtcreme oder saure Sahne
3 EL kaltgepreßtes Distelöl
Kräutersalz, Pfeffer

Zubereitung: Den Dinkel mit ¼ l Wasser über Nacht einweichen, 30–40 Minuten köcheln und auf der ausgeschalteten Platte 30 Minuten quellen lassen. Lauch in feine Ringe (nur das Helle verwenden) und die Tomaten in dicke Scheiben schneiden. Lauch, Tomaten und Dinkelkörner in eine Schüssel geben und alles gut vermischen. Salatkräuter, Joghurtcreme, Zitronensaft und Öl verrühren und mit den Gewürzen abschmecken. Die Soße unter den Salat ziehen.

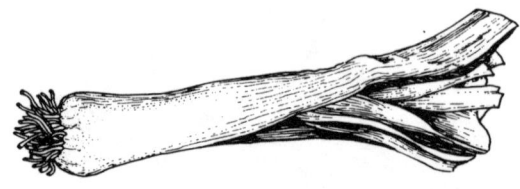

Grünkern-Schinken-Salat

150 g Grünkern
100 g gekochten Schinken
(aus artgerechter Tierhaltung)
1 Salatgurke · 1 Zwiebel
2 EL Essig · 3 EL Zitronensaft
1 EL gewiegte Petersilie
4–5 EL kaltgepreßtes Sonnenblumenöl
Kräutersalz, Pfeffer, Muskat

Zubereitung: Den Grünkern mit ca. 300–350 g Wasser 40–45 Minuten kochen, bis das Wasser von dem Grünkern aufgesogen ist. Auf der ausgeschalteten Platte 15 Minuten quellen lassen. Den Schinken in feine Streifen und die Salatgurke in Würfel schneiden. Essig, Zitronensaft, Petersilie, Öl und die feingewürfelte Zwiebel verrühren und mit den Gewürzen abschmecken. Den Salat mit der Soße vermischen und 30–40 Minuten durchziehen lassen.

Wildkräuter-Dinkel-Salat

100 g Dinkelkörner
100 g junge Löwenzahnblätter
50 g Sauerampfer
30 g Gänseblümchen zum Garnieren
1 EL Salatkräuter · 1 kleine Zwiebel
1 EL Essig · 2 – 3 EL Zitronensaft · 1 TL Senf
4 – 5 EL kaltgepreßtes Distelöl
Kräutersalz, Pfeffer

Zubereitung: Dinkel mit ¼ l Wasser über Nacht einweichen, 30 – 40 Minuten kochen und auf ausgeschalteter Platte 30 Minuten quellen lassen. Löwenzahnblätter, Sauerampfer und Salatkräuter fein hacken. Die Zwiebel in sehr feine Würfel schneiden und mit dem Essig, Zitronensaft, Senf und Distelöl verrühren und den Gewürzen abschmecken. Den Salat mit der Soße vermischen, dann mit den Gänseblümchen garnieren.

Klare
Gemüsebrühe mit Dinkel-Flädle

1 l Gemüsebrühe
70 g Dinkelmehl
⅛ l Milch
1 Ei
Kräutersalz, Prise Muskat
Prise pflanzliches Würzmittel
2 EL Schnittlauchröllchen

Zubereitung: Mehl, Milch, Ei und die Gewürze zu einem Teig verarbeiten, nach Bedarf etwas Wasser zugeben, falls der Teig zu dickflüssig ist. Den Teig 15 Minuten ruhen lassen. In Kokosfett dünne Flädle ausbacken, abkühlen und in dünne Streifen schneiden. Die Flädle zum Servieren in die heiße Gemüsebrühe geben und mit den Schnittlauchröllchen bestreuen.

Grünkern-Pilz-Suppe

¾ l Gemüsebrühe
1 Becher Sahne
200–250 g frische Pilze
1 Zwiebel · 3 EL Grünkernmehl
2–3 EL gewiegte Petersilie
Kräutersalz
frischen, gemahlenen Pfeffer
2 EL Sojasoße

Zubereitung: Zwiebel in kleine Würfel schneiden und in Kokosfett andünsten. Pilze in feine Scheiben schneiden und zu den Zwiebeln geben. Weitere 5 Minuten dünsten. Mit dem Grünkernmehl bestäuben, alles gut verrühren und langsam mit der Sahne ablöschen. Mit Petersilie, Kräutersalz und Pfeffer abschmecken. Die Pilze etwas einköcheln lassen und langsam mit der Gemüsebrühe auffüllen. Die Suppe einmal aufkochen und mit der Sojasoße verfeinern.

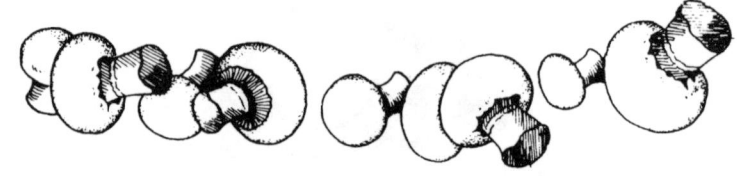

Französische Grünkern-Suppe mit Knoblauch-Croutons

1 l Gemüsebrühe · 90 g Grünkernschrot
1 Zwiebel · 2–3 Knoblauchzehen
1 kleine Stange Lauch
1–2 altbackene Vollkornbrötchen
2 EL gewiegte Petersilie
Kräutersalz, Curry, Paprikapulver, edelsüß
Majoran, Basilikum

Zubereitung: Zwiebel in kleine Würfel schneiden und in Kokosfett glasig dünsten. Lauch in feine Streifen schneiden und zu der Zwiebel geben. Grünkernschrot zugeben und alles anrösten. Mit Gemüsebrühe ablöschen, aufkochen und auf ausgeschalteter Platte 15 Minuten ziehen lassen. Knoblauch in kleine Würfel schneiden und in Kokosfett andünsten bis er glasig ist. Die Brötchen ebenfalls in kleine Würfel schneiden, zu dem Knoblauch geben und anbraten, bis sie goldbraun sind. Die Suppe mit den Gewürzen abschmecken, mit den Croutons servieren und mit der gewiegten Petersilie garnieren.

Feine Grünkern-Suppe

1 l Gemüsebrühe
100 g Grünkernschrot
1 große Zwiebel
Kräutersalz
Muskat, Majoran
2 EL gewiegte Petersilie
100 ml Sahne

Zubereitung: Zwiebel in kleine Würfel schneiden und in Kokosfett andünsten. Grünkernschrot zugeben und ebenfalls anrösten. Langsam die Gemüsebrühe unter Rühren zugeben, einmal aufkochen und auf ausgeschalteter Platte 15 Minuten ziehen lassen. Mit den Gewürzen abschmecken, der Sahne die Suppe verfeinern und mit der Petersilie die Suppe garnieren.

Hinweis: Statt der Zwiebel Lauch oder Paprika verwenden.

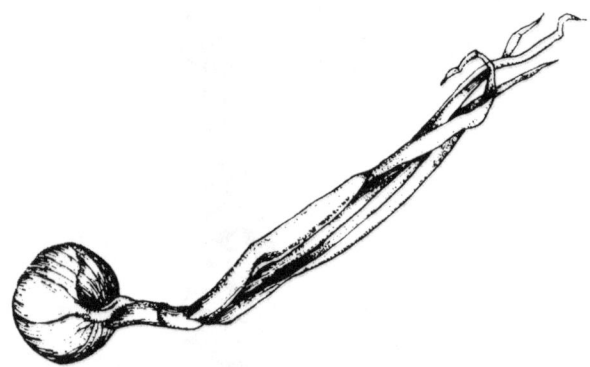

Kartoffel-Grünkern-Topf

½ l Gemüsebrühe · 2 Lorbeerblätter · 150 g Grünkern
1 Zwiebel · 1 mittlere Karotte · 1 Stange Lauch · 1 Kohlrabi
150 g Kartoffeln · 1 kleine Sellerieknolle
3−4 Sojawürstchen (im Reformhaus erhältlich) oder
1 Päckchen Räucher-Tofu (im Naturkostladen erhältlich)
Kräutersalz, Muskat, Curry, Chinagewürz
4 EL Sojasoße · 3−4 EL gewiegte Petersilie
Gemüsebrühe nach Bedarf

Zubereitung: Grünkern ohne Fett anrösten und nach 5 Minuten mit den Lorbeerblättern und der Gemüsebrühe 30 Minuten kochen. Alles Gemüse in kleine Würfel, die Kartoffeln und Sojawürstchen in Scheiben schneiden und alles in Kokosfett 5−10 Minuten kräftig anbraten. Nach den 30 Minuten Kochzeit des Grünkerns Gemüse, Kartoffeln und die Sojawürstchen zugeben und mit so viel Gemüsebrühe auffüllen, daß alles bedeckt ist. Nochmals ca. 15−20 Minuten köcheln lassen, bis alles gar ist. Mit den Gewürzen abschmecken und der Petersilie garnieren.

Hinweis: Statt des Tofus oder der Sojawürstchen können Sie auch ca. 200 g Rindfleisch (in kleine Würfel geschnitten) aus artgerechter Tierhaltung verwenden.

Wirsingkohl-Eintopf
mit Dinkel-Sesam-Klößchen

1 Wirsingkohl (750 g) · Kräutersalz, Muskat
Hefestreuwürze

Für die Klößchen:
3 EL Sesam · ⅛ l Gemüsebrühe
1 EL Butter · Kräutersalz, Muskat
65 g Dinkelmehl · 1 Ei
1 Bund Petersilie · 1¼ l Gemüsebrühe

Zubereitung: Den Wirsingkohl halbieren und die äußeren Blätter entfernen. Den Kohl in feine Streifen schneiden, waschen und abtropfen lassen. Den Wirsingkohl in Kokosfett 5 Minuten andünsten und mit den Gewürzen abschmecken. In einer trockenen, heißen Pfanne den Sesam goldbraun rösten. In einem Topf ⅛ l Gemüsebrühe zum Kochen bringen, den Sesam und das Dinkelmehl einrühren und so lange kochen, bis eine feste Masse entsteht. Die Masse etwas abkühlen lassen, Ei und die gehackte Petersilie unterrühren. Die 1¼ l Gemüsebrühe zum Kochen bringen und mit dem Teelöffel kleine Klößchen abstechen und in der siedenden Brühe 15–20 Minuten garziehen lassen. Zum Schluß den Kohl in die Gemüsebrühe geben.

Dinkel-Champignon-Eintopf

2 Zwiebeln · 1 Paket tiefgekühlten Blattspinat (300 g)
⅛ l Gemüsebrühe
250 g frische Champignons
200 g Dinkelkörner
¾ l Gemüsebrühe
Muskat, Pfeffer, Selleriesalz
3 EL gehackte Haselnüsse
1 Becher Sahne

Zubereitung: Den Dinkel in einem Topf anrösten bis ein Röst-
duft entsteht. Mit ½ l Wasser angießen und den Dinkel 50 Minuten leise köcheln lassen. Mit Selleriesalz würzen und den
Dinkel nochmals 30 Minuten (am besten in einer Kochkiste)
ziehen lassen. Den Blattspinat in ⅛ l Brühe 10 Minuten garen
und anschließend etwas kleinhacken. Die Pilze in feine Scheiben, die Zwiebeln in kleine Würfel schneiden und in Kokosfett
andünsten. Sahne zugeben und die Pilze etwas einkochen lassen. Mit den ¾ l Gemüsebrühe auffüllen, den Dinkel zugeben
und alles noch einmal aufkochen lassen. Würzen mit Muskat,
Pfeffer und Selleriesalz. Zum Schluß die gehackten Haselnüsse
zugeben.

Grünkern-Gemüse-Eintopf

1 Zwiebel · 30 g Butter
100 g Grünkern · 1 Liter Gemüsebrühe
1 Lorbeerblatt
200 g Kartoffeln · 150 g Möhren
½ Staude Sellerie (150 g)
1 Stange Lauch (120 g)
Kräutersalz, Muskat
½ Bund Petersilie · 100 ml Sahne

Zubereitung: Die Zwiebel fein würfeln und in Butter andünsten. Grünkern kurz mit andünsten. Dann die Brühe angießen, das Lorbeerblatt dazugeben und 20–25 Minuten garen. In der Zwischenzeit die Kartoffeln und das Gemüse putzen und kleinschneiden. Das Gemüse in die Brühe geben und alles nochmals 15–20 Minuten garen. Gemüse auf ein Sieb geben, Lorbeerblatt entfernen und die Brühe auffangen. Die Hälfte des Gemüses mit etwas von der Gemüsebrühe pürieren und zu der restlichen Brühe geben. Das restliche Gemüse wieder in die Brühe geben, würzen mit Kräutersalz und Muskat, mit Sahne verfeinern und alles noch einmal aufkochen lassen. Zum Schluß mit der gewiegten Petersilie garnieren.

Grünkern-Klöße

1 l Gemüsebrühe
250 g Grünkerngrieß
2 Vollkornbrötchen
1 kleine Stange Lauch · 2–3 Eier
2 EL gewiegte Petersilie
Meersalz, Pfeffer, Muskat
Paprikapulver, edelsüß
Vollkornpaniermehl zum Ausgleichen

Zubereitung: Grünkerngrieß mit der Gemüsebrühe kalt ansetzen, unter Rühren zum Kochen bringen, 20 Minuten köcheln und weitere 10 Minuten auf ausgeschalteter Platte ziehen lassen. Lauch in feine Streifen schneiden und glasig dünsten. Die Brötchen in sehr kleine Würfel schneiden und mitdünsten. Alle Zutaten zu einer Masse verarbeiten und mit den Gewürzen abschmecken. Wenn die Masse zu flüssig ist, etwas Vollkornpaniermehl zugeben und nicht allzu große Klöße formen. Im siedenden Salzwasser ca. 20 Minuten garen lassen.

Hinweis: Dazu empfehlen wir Möhrengemüse und eine Zwiebelsoße oder frische Rahmpilze mit Käse-Paprika-Tofu in Currysoße.

Dinkel-Grießklöße

1 l Gemüsebrühe
250 g Dinkelgrieß
2 Eier
1 Zwiebel
2 EL gewiegte Petersilie
Kräutersalz, Muskat, Pfeffer
Curry, 1 TL Majoran
Vollkornpaniermehl zum Ausgleichen

Zubereitung: Die Gemüsebrühe zum Kochen bringen und den Dinkelgrieß einrühren, einmal aufkochen und auf kleinster Energiestufe 20–30 Minuten ausquellen lassen. Zwiebel in sehr kleine Würfel schneiden und 5 Minuten glasig dünsten. Alles zu einer Masse verarbeiten und mit den Gewürzen abschmecken. Wenn die Masse zu flüssig ist, mit Vollkornpaniermehl ausgleichen. Mit nassen Händen Klöße formen und im siedenden Salzwasser ca. 20 Minuten garen lassen.

Hinweis: Dazu empfehlen wir eine Sahne-Kräutersoße oder eine Käsesoße, einen Salatteller oder eine Gemüsebeilage.

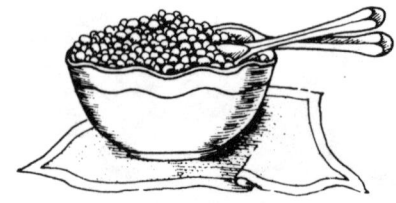

Dinkel-Lauch-Omelett

1 große Stange Lauch
1 roter Gemüsepaprika
2 EL gewiegte Kräuter
3 gestrichene EL Dinkelmehl
3 EL Sahne
6–8 Eier
Kräutersalz, Curry, Muskat
Pfeffer, Chinagewürz

Zubereitung: Lauch in feine Streifen sowie Paprika in kleine Würfel schneiden und in Kokosfett 5 Minuten glasig dünsten. Die Eier mit der Sahne und den Gewürzen verquirlen, das Dinkelmehl unterrühren und zum Schluß die Petersilie zugeben. Die Eimasse mit dem Lauch und Paprika gut vermischen und in einer Pfanne mit Kokosfett dünne Omeletts ausbacken.

Hinweis: Dazu empfehlen wir einen Salatteller oder gebratenen Käse-Räucher-Tofu mit Pilzrahmsoße.

Grünkern-Käse-Omelett

50 g Grünkern
150 g Gemüsebrühe
1 Zwiebel
6–8 Eier, 50 g geriebenen Goudakäse
2 EL Sahne
Muskat, Kräutersalz, Pfeffer
1 TL Majoran oder Basilikum
Curry

Zubereitung: Den Grünkern in der Gemüsebrühe 30 Minuten kochen, so daß das Wasser vom Grünkern aufgesogen ist. Mit den Gewürzen abschmecken. Zwiebel in kleine Würfel schneiden und in Kokosfett 5 Minuten glasig dünsten. Den Grünkern zugeben und weitere 5 Minuten mitbraten. Die Eier mit der Sahne und den Gewürzen verquirlen, Käse zugeben und unter die Masse rühren. Entweder ein dickes Omelett stocken lassen oder dünne Omeletts nacheinander ausbacken.

Hinweis: Dazu empfehlen wir einen Salatteller oder frische Pilze in Rahmsoße.

Grünkern-Kartoffelpuffer

500 g geschälte, rohe Kartoffeln
5 EL Grünkernmehl
3 Eier
Meersalz, Muskat

Zubereitung: Die Kartoffeln reiben und gut abtropfen lassen (evtl. etwas ausdrücken). Die Eier verquirlen, mit den Gewürzen vermischen und unter die Kartoffelmasse ziehen. Das Grünkernmehl zugeben, alles zu einer Masse verarbeiten und nochmals abschmecken. Sollte der Teig zu flüssig sein, nochmals Grünkernmehl zugeben und in einer Pfanne mit Kokosfett kleine, goldbraune Puffer ausbacken.

Hinweis: Dazu empfehlen wir eine Apfelcreme (oder Apfelmus) bzw. ein Früchtekompott.

Dinkel-Lauch-Bratlinge

¾ l Gemüsebrühe
180 g Dinkelmehl oder -schrot
100 g Lauch
4 EL geriebenen Emmentaler Käse · 1–2 Eier
100 g Vollkornpaniermehl
1 TL Majoran, Kräutersalz
Muskat, Paprikapulver, edelsüß
geschälten Sesam zum Panieren

Zubereitung: Gemüsebrühe zum Kochen bringen und mit dem Schneebesen das Dinkelmehl einrühren, einmal aufkochen und auf ausgeschalteter Platte ca. 20 Minuten ziehen lassen. Lauch in feine Streifen schneiden und in Kokosfett glasig dünsten. Alle Zutaten zu einer Masse verarbeiten und mit den Gewürzen abschmecken. Die länglich, flach geformten Bratlinge in Sesam wenden, auf ein leicht eingeöltes Backblech legen und auf der zweiten Backleiste von unten bei 200° C ca. 20–30 Minuten backen. Die Bratlinge sollen goldbraun sein (evtl. vorher wenden).

Hinweis: Dazu empfehlen wir Ihnen frische Pilze in Rahmsoße mit einem Salatteller oder eine Gemüsebeilage.

Grünkern-Bratlinge

150 g Grünkernschrot
300 g Gemüsebrühe
1 Zwiebel oder 1 Stange Lauch
3 EL geschälte Sonnenblumenkerne
2 Eier · 50 g geriebenen Bergkäse
Vollkornpaniermehl zum Panieren
Kräutersalz, Pfeffer, Curry · 1 TL Majoran oder Basilikum
3 EL gewiegte Kräuter

Zubereitung: Gemüsebrühe zum Kochen bringen und den Grünkernschrot einrühren, einmal aufkochen und auf ausgeschalteter Platte 20 Minuten ziehen lassen. In einer heißen, trockenen Pfanne die Sonnenblumenkerne goldbraun rösten. Zwiebel in Würfel schneiden und in Kokosfett glasig dünsten. Grünkern, Sonnenblumenkerne, Zwiebel, Eier, Kräuter und Käse zu einer Masse verarbeiten und mit den Gewürzen abschmecken. Mit nassen Händen kleine Küchlein formen, in Paniermehl wenden und ausbacken.

Hinweis: Dazu empfehlen wir Ihnen eine Gemüsebeilage mit Zwiebelsoße oder einen Salatteller.

Grünkern-Gemüse-Pfannkuchen

100 g Grünkernmehl · 50 g Dinkelmehl
¼ l Milch · 2 große Eier
1 Zwiebel
250 g Zucchini
3 EL geschälte Sonnenblumenkerne
3 EL gewiegte Kräuter
Kräutersalz, Muskat, Pfeffer
Paprikapulver, edelsüß

Zubereitung: Das Mehl mit der Milch und den Eiern zu einem Teig rühren. 20 Minuten ruhen lassen. Der Teig muß langsam vom Löffel laufen. Nach Bedarf noch etwas Milch zugeben. Mit den Gewürzen abschmecken und die Sonnenblumenkerne zugeben. Zwiebel in kleine Würfel schneiden und in Kokosfett 5 Minuten glasig dünsten. Die Zucchini in kleine Stifte schneiden und mit den Zwiebeln ca. 10 Minuten dünsten. Mit den Gewürzen abschmecken und zu dem Teig geben. Die gewiegten Kräuter einrühren und in einer Pfanne mit Kokosfett dünne Pfannkuchen ausbacken.

Hinweis: Statt Zucchini frische Pilze oder anderes Gemüse verwenden. Dazu empfehlen wir einen Salatteller.

Grünkern-Haselnußbraten

½ l Gemüsebrühe · 250 g Grünkernschrot
1 große Stange Lauch
1 roter Gemüsepaprika
3–4 Eier · 80 g geriebenen Bergkäse
60 g gemahlene Haselnüsse · 100 ml Sahne
Kräutersalz, Muskat, Curry
Paprikapulver, edelsüß
Vollkornpaniermehl zum Ausgleichen

Zubereitung: Gemüsebrühe zum Kochen bringen, Grünkern-schrot einrühren, einmal aufkochen und auf ausgeschalteter Platte 15 Minuten ziehen lassen. Lauch in feine Streifen schneiden und in Kokosfett andünsten. Paprika in kleine Würfel schneiden und mit dem Lauch mitdünsten. Alle Zutaten zu einer Masse verarbeiten, mit den Gewürzen abschmecken. Sollte die Masse zu flüssig sein, mit Vollkornpaniermehl ausgleichen (Masse soll cremig bis fest sein). Den Backofen auf 180° C vorheizen. Eine Auflaufform gut einölen und die Masse einfüllen. Den Braten auf der zweiten Leiste von unten ca. 40 Minuten backen (sollte er zu weich sein, dann 10 Minuten länger backen.

Hinweis: Dazu empfehlen wir eine Gemüsebeilage und eine Zwiebelsoße.

Kässpätzle

500 g Dinkelmehl
2 TL Kräutersalz
3 Eier
ca. ¼ l Wasser
250 g Emmentaler Käse, gerieben
1 große Zwiebel

Zubereitung: Mehl, Salz, Eier und Wasser zu einem Teig verarbeiten und 20 Minuten ruhen lassen. Mit einem Spätzleschieber (oder vom Holzbrett geschabt) die Spätzle in reichlich kochendes Salzwasser geben (den Spätzleschieber nicht ins kochende Wasser halten, da die Löcher verstopfen). Wenn sie oben schwimmen, noch ganz kurz ziehen lassen, mit dem Schaumlöffel herausnehmen, in lauwarmes Wasser geben und gut abtropfen lassen. Feine Zwiebel in Kokosfett anbraten, die Spätzle darin schwenken und mit dem Käse vermischen.

Hinweis: Wenn der Käse nicht richtig verläuft, im Backofen kurz überbacken (bei 200° C ca. 10 Minuten).

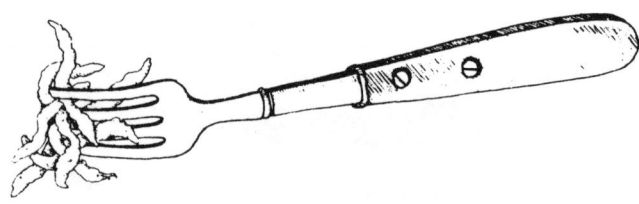

Spinatspätzle

500 g Dinkelmehl
2–3 Eier · ca. ⅛ l Wasser
1½ TL Meersalz
400 g gekochten, pürierten Blattspinat
Muskat, Kräutersalz
1 große Zwiebel
80 g geriebenen Bergkäse
3–4 EL Schnittlauchröllchen

Zubereitung: Dinkelmehl, Eier, Wasser, Salz und Spinat zu einem Teig verarbeiten. Die Spätzle in siedendes Salzwasser geben (Spätzlespresse oder vom Holzbrett schaben), bis sie an der Oberfläche schwimmen. Mit Wasser gut abschrecken und abtropfen lassen. Zwiebel in feine Würfel schneiden, in Kokosfett anbraten, die Spätzle darin schwenken und mit geriebenem Käse und Schnittlauch bestreuen.

Dinkel-Lauch-Soufflé

1 Tasse Dinkelschrot (200 g)
½ l Gemüsebrühe
600 g geputzten Lauch · 250 g Möhren
2 EL gewiegte Petersilie
50 g gehackte Walnüsse oder Mandeln
Kräutersalz, Curry, Chinagewürz, Muskat
2 Eier · 100 ml Sahne
6 Scheiben Emmentaler Käse

Zubereitung: Gemüsebrühe zum Kochen bringen, Dinkel-schrot einrühren, einmal aufkochen und auf ausgeschalteter Platte 15 Minuten ziehen lassen. Lauch in feine Streifen, die Möhren in kleine Würfel schneiden und in Kokosfett 5 Minuten andünsten. Mit etwas Brühe (4 EL) ablöschen und fertiggaren. Dinkelmasse, Nüsse und Gemüse vermischen und mit den Gewürzen abschmecken. Eigelbe und Sahne unterziehen und in eine gefettete Auflaufform füllen. Backofen auf 200° C vorheizen. Das Eiweiß zu festem Schnee schlagen und vorsichtig unter die Masse heben. Mit den Käsescheiben abdecken und auf der untersten Leiste 30–40 Minuten backen.

Hinweis: Dazu paßt ein Salatteller oder frische Pilze in Rahm-soße.

Grünkern-Kartoffel-Gratin

1 Tasse Grünkern (200 g) · ½ l Gemüsebrühe
40 g Butter · 1 Zwiebel
1 roter Gemüsepaprika
400–500 g gekochte Kartoffeln
3 Tomaten · 3 EL gewiegte Kräuter
Kräutersalz, Muskat, Pfeffer
1 TL Majoran oder Basilikum · 3 Eier
½ Becher Sahne · 150 g geriebenen Bergkäse

Zubereitung: Grünkern mit der Brühe 30 Minuten kochen und auf ausgeschalteter Platte 15 Minuten ziehen lassen. Butter in den Grünkern einrühren und mit den Gewürzen abschmecken. Zwiebel und Paprika in kleine Würfel schneiden und in Kokosfett 5 Minuten glasig dünsten. Die Kartoffeln in Scheiben schneiden (oder raspeln) und ca. 10 Minuten mitbraten. Mit der Sahne ablöschen, Kräuter zugeben und den Gewürzen abschmecken. Grünkern, Kartoffeln und die verquirlten Eier vermischen und in eine gefettete Auflaufform füllen. Backofen auf 200° C vorheizen. Masse mit Tomatenscheiben belegen, dem Käse bestreuen und auf der untersten Leiste 40 Minuten backen.

Hinweis: Dazu empfehlen wir eine Zwiebelsoße und einen Salatteller.

Grünkern-Auflauf mit Gemüse

1 Tasse Grünkern (200 g)
2 Tassen Gemüsebrühe
50 g Butter · 2 Zwiebel
1 kleinen Blumenkohl (ca. 400 g)
Pfeffer, Meersalz, Curry, Paprikapulver, edelsüß
3 Eier · 100 ml Sahne oder Milch
Kräutersalz, Muskat
150 g geriebenen Goudakäse

Zubereitung: Grünkern mit der Gemüsebrühe 30 Minuten kochen und auf der ausgeschalteten Platte 15 Minuten ziehen lassen. Butter mit dem Grünkern verrühren und den Gewürzen abschmecken. Zwiebel in Würfel schneiden und in Kokosfett glasig dünsten. Blumenkohl in kleine Röschen verteilen und in wenig Gemüsebrühe fertiggaren (am besten im Gemüsedünsteinsatz). Backofen auf 200° C vorheizen. Eine Auflaufform gut einölen, die Masse einfüllen. Eier, Sahne, Salz und Muskat verquirlen und über die Masse gießen. Mit Käse bestreuen und auf der untersten Leiste 40 Minuten backen.

Hinweis: Dazu empfehlen wir eine Zwiebelsoße und einen Salatteller.

Gemüse-Pizza

175 g Dinkelmehl · 75 g Roggenmehl
1–2 TL Brotgewürz · ½ TL Meersalz · ½ Würfel Hefe
160 g Buttermilch (lauwarm) · 3–4 EL Olivenöl
2–3 EL Tomatenketchup o.ä.
2 Knoblauchzehen · 250 g Fenchel, geputzt
1 Stange Lauch (nur das Helle verwenden) · Pizzagewürz
250 g Tomaten, 12 schwarze, halbierte, entsteinte Oliven
5 Scheiben Emmentaler Käse

Zubereitung: Aus Mehl, Gewürzen, zerbröckelter Hefe, Buttermilch und der Hälfte des Olivenöles einen geschmeidigen Hefeteig herstellen und zugedeckt an einem warmen Ort 30 Minuten gehen lassen. Backblech gut einfetten und den Teig darauf ausrollen. Ketchup, restliches Öl und durchgepreßte Knoblauchzehen verrühren und auf die Teigplatte streichen. Fenchelknollen und Lauch in sehr feine Streifen schneiden und auf die Pizza legen, mit Pizzagewürz bestreuen. Tomaten in Scheiben schneiden und mit den Oliven auf der Pizza verteilen und nochmals mit Pizzagewürz bestreuen. Die Pizza auf der mittleren Leiste bei 220° C 20 Minuten backen, mit dem Käse belegen und nochmals 10 Minuten weiterbacken.

Hinweis: Statt des Fenchels gedünsteten Broccoli (muß noch knackig sein) verwenden.

Sommer-Pizza

300 g Dinkelmehl
½ Würfel Hefe
60 g lauwarme Milch
60 g lauwarmes Wasser
1 TL Meersalz · Tomatenpüree
frische Pilze · 3 Tomaten
1 großer Paprika · 1 Zwiebel · Pizzagewürz
150–200 g Goudakäse, geraspelt

Zubereitung: Hefe mit Wasser und lauwarmer Milch verrühren und das mit Salz vermischte Mehl einarbeiten, zu einem Teig verarbeiten und 30 Minuten ruhen lassen. Den Teig auf einem gefetteten Backblech ausrollen und mit Tomatenpüree bestreichen. Mit Pizzagewürz bestreuen. Die Pilze und Tomaten in Scheiben, die Zwiebel in feine Ringe und die Paprika in feine Streifen schneiden, auf dem Teig verteilen und mit Pizzagewürz bestreuen. Im vorgeheizten Backofen bei 250° C 20 Minuten backen, den Käse darüberstreuen und weitere 10 Minuten backen.

Gemüse-Lasagne

1 Zwiebel · 300 g Lauch
350 g Möhren
250 g frische Pilze
4 EL gewiegte Petersilie
Kräutersalz, Pfeffer, Curry
350 g geriebenen Emmentaler Käse
2 Eier · ½ Becher Sahne
1 TL Kräutersalz · Prise Muskat

Zubereitung (Nudelteig zubereiten, siehe Maultaschen): Den dünn ausgerollten Nudelteig in 8 x 8-cm-Teigplatten schneiden. Zwiebel in kleine Würfel, Lauch in feine Streifen schneiden und in Kokosfett glasig dünsten. Möhren kleinschneiden und 5 Minuten mitdünsten. Pilze in Scheiben schneiden, zugeben und mit den Gewürzen und der Petersilie abschmecken. Evtl. mit etwas Sahne (4–5 EL) eindicken und fertiggaren. Backofen auf 200° C vorheizen. Eine Auflaufform einölen und mit einem Teil der Teigplatten auslegen. Etwas von dem Gemüse darauf verteilen und mit einem Teil vom Käse bestreuen. Die Schichten wiederholen und mit den Teigplatten abschließen. Eier, Sahne, Kräutersalz und Muskat verquirlen und über die Lasagne gießen. Mit dem restlichen Käse bestreuen und auf der untersten Leiste im Backofen 30–40 Minuten backen.

Hinweis: Dazu empfehlen wir Ihnen eine Tomatensoße.

Kohlrouladen mit Grünkern

1 Kopf Weißkohl (1 kg)
200 g Grünkern
400 g Gemüsebrühe
½ Becher saure Sahne
150 g geriebenen Käse
1 TL Majoran · Kräutersalz, Curry

Zubereitung: Den Grünkern mit der Gemüsebrühe 30 Minuten köcheln und auf ausgeschalteter Platte 15 Minuten ziehen lassen. Vom Weißkohl die Blätter waschen, grobe Rippen herausschneiden und in ⅜ l Wasser ca. 30 Minuten garen. Den Grünkern mit Sahne und den Gewürzen abschmecken. Kohlblätter zusammenlegen (je nach Größe 2–3 Stück), den Grünkern darauf verteilen und aufrollen. In eine eingeölte Auflaufform schichten, mit dem Kohlkochwasser (⅜ l) ablöschen und im vorgeheizten Backofen bei 200° C ca. 20 Minuten garen. Den Käse darüberstreuen und weitere 10 Minuten backen. Die übriggebliebene Brühe für die Soße verwenden.

Hinweis: Dazu empfehlen wir Ihnen eine dunkle Soße und einen Salatteller.

Wirsingrouladen mit Grünkernfüllung

1 großer Wirsingkohl
300 ml Gemüsebrühe
150 g Grünkernschrot · 2 EL Butter
1 Zwiebel · 1 mittlere Möhre · 2 Eier
Kräutersalz, Paprikapulver, edelsüß
1 TL Majoran oder Basilikum
150 g geriebenen Emmentaler Käse

Zubereitung: Gemüsebrühe zum Kochen bringen und Grünkernschrot einrühren. Einmal aufkochen und auf ausgeschalteter Platte 15 Minuten quellen lassen. Den Wirsingkohl in einzelne Blätter zerlegen, grobe Rippen herausschneiden und in wenig Gemüsebrühe garen, daß sie noch bißfest sind. Zwiebel und Möhre in feine Würfel schneiden in Kokosfett andünsten und nach 5 Minuten mit 4–5 EL von der Wirsingkohlbrühe ablöschen. Das Gemüse soll noch knackig sein. Gemüse mit der Butter, den Gewürzen, Eiern und Grünkern vermischen und bei Bedarf etwas von der übriggebliebenen Wirsingbrühe zugeben. Die Masse soll cremig sein. Den Backofen auf 200° C vorheizen. Zwei oder drei Wirsingblätter, je nach Größe, übereinander legen und einen Teil von der Masse darauf verteilen, aufrollen und in eine gefettete Auflaufform setzen. Die Rouladen 20 Minuten backen, mit dem Käse bestreuen und weitere 10 Minuten garen.

Hinweis: Dazu empfehlen wir eine Tomatensoße und einen Salatteller.

Gefüllte Paprika mit Grünkern

6–8 mittelgroße Paprika · 250 g Grünkernschrot
½ l Gemüsebrühe · 2 Lorbeerblätter · 1 Gewürznelke
1 große Zwiebel · 1 kleine Stange Lauch
2 EL gewiegte Petersilie
2–3 Eier · Paprikapulver, edelsüß
Kräutersalz, Chinagewürz
3–4 Scheiben Emmentaler Käse
Sahne oder Gemüsebrühe nach Bedarf

Zubereitung: Die Paprikaschoten sauber aushöhlen und blanchieren. Gemüsebrühe mit Lorbeerblättern und Gewürznelke zum Kochen bringen, mit dem Schneebesen den Grünkernschrot einrühren, einmal aufkochen und auf ausgeschalteter Platte 15 Minuten ziehen lassen. Lorbeerblätter und Gewürznelke herausnehmen. Zwiebel und Lauch kleinschneiden und in Kokosfett glasig dünsten. Grünkern, Zwiebel, Lauch, Petersilie und die Eier zu einer Masse verarbeiten, mit den Gewürzen abschmecken und evtl. mit Sahne oder Gemüsebrühe ausgleichen. Masse soll cremig sein. In die Paprika füllen, diese in eine gefettete Auflaufform setzen, mit dem Käse belegen und im vorgeheizten Backofen bei 200° C ca. 30–40 Minuten backen.

Hinweis: Dazu empfehlen wir eine Zwiebelsoße oder frische Pilze in Rahmsoße.

Grünkern-Gemüse

½ l Gemüsebrühe · 2 Lorbeerblätter
200 g Grünkern
1 große Stange Lauch
300 g Möhren oder Sellerie
300 g Kohlrabi oder Broccoli
Kräutersalz, Muskat, Curry, Chinagewürz
3 EL Sojasoße · 3 EL gewiegte Kräuter
2 EL Dinkelmehl zum Binden

Zubereitung: Grünkern mit Lorbeerblättern und Gemüsebrühe 30 Minuten kochen und auf ausgeschalteter Platte 20 Minuten ziehen lassen (Brühe muß vom Grünkern aufgesogen sein). Lorbeerblätter herausnehmen. Lauch in feine Streifen schneiden, in Kokosfett glasig dünsten, kleingewürfelte Möhren und Kohlrabi zugeben und 5 Minuten mitdünsten. Mit etwas Gemüsebrühe ablöschen (4–5 EL) und fertiggaren. Gemüse soll noch bißfest sein. Grünkern, Petersilie und Sojasoße mit dem Gemüse vermischen, mit den Gewürzen abschmecken und dem Dinkelmehl binden. Bei Bedarf mit etwas Sahne (oder saurer Sahne) verfeinern.

Hinweis: Dazu empfehlen wir Sahne-Kräuter-Kartoffeln und/ oder angebratenen Räucher-Tofu.

Maultaschen
mit Lauch-Nuß-Füllung

Für den Teig:
250 g Dinkelmehl · 2 Eier
4 EL warmes Wasser
2–3 EL Sonnenblumenöl
1 TL Meersalz

Für die Füllung:
2 große Stangen Lauch
50 g gehackte Walnüsse
2 EL gewiegte Petersilie
Meersalz

Zubereitung: Mehl, Eier, Wasser, Öl und Salz zu einem geschmeidigen Teig verarbeiten, evtl. nach Bedarf etwas Wasser zugeben. 30 Minuten ruhen lassen. Lauch in feine Streifen schneiden und in Kokosfett glasig dünsten. Lauch, Nüsse, Petersilie und Salz vermischen, evtl. nochmals abschmecken. Den Nudelteig in 2 Stücke teilen und mit dem leicht eingeölten Wellholz ausrollen (Arbeitsplatte ebenfalls leicht einölen, damit der Teig nicht hängenbleibt). Die Füllung darauf verteilen und die zweite, ausgerollte Nudelplatte darüberlegen. Mit der Kante eines Schneidbrettes in 4 cm große Quadrate teilen, ausrädeln und im siedenden Salzwasser garen, bis sie an der Oberfläche schwimmen (ca. 8–10 Minuten). Mit einem Schaumlöffel herausnehmen und gut abtropfen lassen.

Hinweis: Entweder anbraten oder mit heißer Butter übergießen. Dazu empfehlen wir frische Pilze in Rahmsoße oder einen Salatteller.

Sahne-Kräuter-Soße

½ l Gemüsebrühe
40 g Dinkelmehl
1 EL gewiegte Kräuter
1 Zwiebel
100 ml Sahne
Kräutersalz, Curry
Prise Muskat, Prise Pfeffer

Zubereitung: Die Gemüsebrühe erwärmen und mit dem Schneebesen das Dinkelmehl einrühren. Unter Rühren zum Kochen bringen und auf ausgeschalteter Platte 15 Minuten ziehen lassen. Die Zwiebel sehr fein wiegen, in Kokosfett glasig dünsten und zu der Soße geben. Die Kräuter mit der Sahne einrühren und mit den Gewürzen abschmecken.

Hinweis: Diese Soße kann für alle Hauptgerichte verwendet werden.

Tomaten-Cremesoße

1 Zwiebel · 2 Knoblauchzehen
4 EL Tomatenmark
2 EL Dinkelmehl
½ l Gemüsebrühe
150 ml Sahne
1 EL gewiegter Basilikum
½ TL Majoran, Prise Oregano
Prise Pfeffer, Kräutersalz

Zubereitung: Zwiebel in sehr kleine Würfel schneiden, in Olivenöl oder Kokosfett andünsten, zerdrückte Knoblauchzehen zugeben und einige Minuten mitdämpfen. Mit Dinkelmehl bestäuben und anrösten lassen. Mit der Gemüsebrühe unter ständigem Rühren langsam auffüllen, einmal aufkochen und auf ausgeschalteter Platte 15 Minuten ziehen lassen. Tomatenmark, Sahne und Kräuter einrühren und mit den Gewürzen abschmecken.

Hinweis: Mit 100 ml Rotwein die Soße verfeinern.

Zwiebelsoße

2 große Zwiebeln
40 g Grünkernmehl
½ l Gemüsebrühe
2 EL Butter · 1 EL Sojasoße
100 ml saure Sahne
Meersalz, Muskat
Messerspitze Nelkenpulver
Messerspitze Pimentpulver

Zubereitung: Zwiebeln in sehr feine Würfel schneiden und in Kokosfett andünsten. Mit Grünkernmehl bestäuben und gut anbräunen lassen. Langsam mit der warmen Gemüsebrühe unter ständigem Rühren auffüllen, einmal aufkochen und auf ausgeschalteter Platte 15 Minuten ziehen lassen. Eventuell mit dem Mixer oder dem Rührstab pürieren. Butter, Sojasoße und die saure Sahne zugeben und mit den Gewürzen abschmecken. Nach Bedarf mit etwas Brühe oder Sahne auffüllen, so wie die Konsistenz der Soße gewünscht wird.

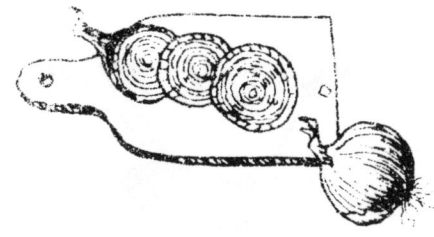

Champignonsoße

1 Zwiebel
150 g frische Champignons
2 EL Dinkelmehl
¼ l Gemüsebrühe
1 EL gewiegte Petersilie
100 ml Sahne
Meersalz, Pfeffer

Zubereitung: Zwiebel in feine Würfel schneiden und in Kokosfett glasig dünsten. Champignons in Scheiben schneiden und weitere 5 Minuten mitdünsten. Mit Dinkelmehl bestäuben und einige Minuten ziehen lassen. Sahne, Petersilie zugeben und die Soße etwas einköcheln lassen. Mit den Gewürzen abschmecken und so viel Brühe zugeben, bis die gewünschte Konsistenz erreicht ist.

Hinweis: Eventuell mit etwas Sherry o. ä. die Soße verfeinern.

Bananen-Mandel-Crepe

Für den Teig:	Für die Füllung:
100 g Dinkelmehl	*3 Bananen*
50 g Hirsemehl	*2 Kiwis*
⅛ l Milch · ⅛ l Sahne	*Saft einer Zitrone*
3 Eier	*100 g gehackte Mandeln*
2 EL Honig oder Ahornsirup	*2 EL Ahornsirup*
½ TL Bourbon-Vanille	*Prise Zimt*
Prise Zimt	*Prise Ingwer*

Zubereitung: Mehl, Milch, Sahne, Eier, Honig und die Gewürze zu einem Teig rühren und 30 Minuten ruhen lassen. Bananen in kleine Würfel schneiden und mit dem Zitronensaft beträufeln. Die Mandeln in einer heißen, trockenen Pfanne goldbraun rösten und abkühlen lassen. Die Kiwis in grobe Würfel schneiden und mit dem Ahornsirup beträufeln. Alles zu einem Obstsalat mischen und mit den Gewürzen abschmecken.

In einer heißen Pfanne mit Kokosfett dünne Crepes ausbacken, mit dem Obstsalat füllen und einrollen, eventuell mit Zimt bestäuben.

Hinweis: Sie können auch anderes Obst, anstelle von Mandeln, Walnüsse oder Kokosflocken verwenden.

Dampfnudeln

(Teil 1)

(süßer Hefegrundteig)

500 g Dinkelmehl · 50 g Streumehl
1 Würfel Hefe
¼ l lauwarme Milch
½ TL Honig · 1 Ei
Prise Meersalz
60 g Honig · 90 g weiche Butter

Zubereitung: Das Mehl in eine Schüssel geben und in die Mitte eine Mulde hineindrücken. Die zerbröckelte Hefe, 4 EL Milch von der Gesamtmenge abgenommen und den ½ TL Honig verrühren und den Vorteig abgedeckt 20 Minuten gehen lassen. Die restliche Milch, Ei, Salz, Honig, Butter und das Abgeriebene der Zitronenschale zugeben und alles zu einem Teig verarbeiten. Den Teig ca. 10 Minuten kneten (am besten in der Teigknetmaschine), mit Streumehl etwas bestreuen und abgedeckt an einem warmen Ort 50–60 Minuten gehen lassen.

Hinweis: Weiter verarbeiten, siehe nächste Seite, Teil 2.

Dampfnudeln
(Teil 2)

¹/₈ l Milch
1 TL Honig

Zubereitung: Den gegangenen Hefeteig nochmals kurz durchkneten und zu einer Rolle formen. Diese in 10–12 Teile trennen
und in der Handfläche zu runden, glatten Nudeln rollen. Eventuell die Hände leicht einölen. Die Nudeln auf ein Backbrett
setzen und abgedeckt gehen lassen, bis sie sich verdoppelt haben. In einem großen, flachen Topf die Milch und den Honig
erhitzen, die Nudeln so schnell wie möglich reinsetzen und den
Topf mit dem Deckel rasch verschließen (gut schließenden
Deckel verwenden). Evtl. zusätzlich mit einem Küchentuch
abdecken. Auf eine kleine Energiestufe umschalten und 15–20
Minuten garen. Den Deckel während der ersten 10 Minuten
nicht öffnen, da die Nudeln sonst zusammenfallen. Wenn nö-
tig, die letzten 5 Minuten ganz abschalten.

Hinweis: Dazu empfehlen wir Ihnen ein Früchtekompott
(Pflaumen, Birnen oder Äpfel), bestreut mit gehackten Nüssen
und mit Schlagsahne garniert, anstelle des Kompottes eine
Vanilleschaumsoße.

Dinkel-Pflaumen-Gratin

½ l Milch · 2 Zimtstangen
200 g Dinkel · 2 Eier
4 EL Honig oder Ahornsirup
4 EL Sahne
½ TL Bourbon-Vanille
60 g gehackte Walnüsse
60 g ungeschwefelte Rosinen
300 g entsteinte, halbierte Pflaumen

Zubereitung: Den Dinkel mit der Milch und den Zimtstangen 10 Minuten köcheln und im vorgeheizten Backofen bei 200° C 30 Minuten garen lassen (Topf mit Deckel gut verschließen). Im ausgeschalteten Backofen 15 Minuten ziehen lassen. Zimtstangen herausnehmen. In den abgekühlten Dinkel Eigelbe, Honig, Sahne, Vanille, Nüsse und die Rosinen einarbeiten. Eine Auflaufform gut einfetten und den Backofen auf 200° C vorheizen. Eiweiß sehr steif schlagen und unter die Masse ziehen. Die Hälfte der Dinkelmasse in die Form füllen und mit ⅔ der Pflaumen bedecken. Die restliche Masse darüber geben und die restlichen Pflaumen darauf verteilen und leicht eindrücken.
Auf der zweiten Leiste von unten 30–40 Minuten backen.

Hinweis: Eventuell gehackte Nüsse über den Gratin streuen und mit geschlagener Sahne garnieren, dazu empfehlen wir Ihnen eine Fruchtsoße. Anstelle von Pflaumen Bananen oder Schattenmorellen verwenden.

Dinkel-Gratin mit Kirschen

200 g Dinkel
¾ l Milch
2 Zimtstangen · 3 EL Butter
40 g Honig · 3 Eier
300 g Kirschen oder Schattenmorellen
50 g gehackte Walnüsse
½ TL Bourbon-Vanille
Prise Ingwer

Zubereitung: Dinkel mit Milch und den Zimtstangen zum Kochen bringen und 10 Minuten leise köcheln lassen. Dann den Topf gut verschließen und im vorgeheizten Backofen bei 200° C 30 Minuten garen lassen. Im abgeschalteten Backofen den Dinkel noch 10 Minuten ziehen lassen. Butter, Honig, Vanille und die Eigelbe schaumig schlagen, Nüsse und Ingwer zugeben und unter den abgekühlten Dinkel ziehen. Eine Auflaufform gut einfetten und die Masse einfüllen. Das Eiweiß sehr steif schlagen und unterziehen. Den Backofen auf 180° C vorheizen. Die Kirschen entsteinen (wenn sie aus dem Glas sind, gut abtropfen lassen) und unter den Dinkel heben und auf der zweiten Backleiste von unten ca. 40 Minuten backen.

Dazu empfehlen wir eine Vanilleschaumsoße.

Hinweis: Statt der Kirschen können Sie auch Äpfel, Bananen, Birnen, Pfirsiche usw. verwenden. Anstelle der Walnüsse gehackte Mandeln oder Haselnüsse verwenden.

Walnuß-Apfelcreme

½ l Milch
½ Vanillestange oder
1 TL Bourbon-Vanille
80 g Dinkelmehl · 3 EL Honig
⅛ l Sahne · 3 Äpfel
50 g gemahlene Walnüsse
1 EL Zitronensaft
½ TL Zimt oder Ingwer

Zubereitung: Das Dinkelmehl in der warmen Milch anrühren, die aufgeschlitzte Vanillestange zugeben, aufkochen und auf der ausgeschalteten Platte 15 Minuten ziehen lassen. Vanillestange mit dem Messer auskratzen und in die Creme geben. Äpfel schälen, entkernen, in Scheiben schneiden und mit dem Zitronensaft beträufeln. Die Äpfel mit der Sahne und dem Honig pürieren, Zimt und Walnüsse zugeben und alles zu einer Creme verarbeiten. Im Kühlschrank die Creme 1–2 Stunden kaltstellen.

Hinweis: Statt Walnüsse Mandeln und anstelle von Äpfeln Birnen oder Bananen verwenden, eventuell mit Schlagsahne garnieren.

Bananen-Nuß-Schokocreme

½ l Milch
1 Zimtstange
80 g Dinkelmehl
3 EL Ahornsirup oder Birnendicksaft
3 EL gemahlene Haselnüsse
1 EL Kakaopulver oder Carobmehl
½ TL Bourbon-Vanille
2 Bananen · 100 ml Sahne

Zubereitung: Das Dinkelmehl in der warmen Milch anrühren, Zimtstange zugeben, einmal aufkochen und auf ausgeschalteter Platte 15 Minuten ziehen lassen. Zimtstange herausnehmen. Ahornsirup, Nüsse, Vanille und das Schokopulver in die Creme einarbeiten. Bananen kleinschneiden, mit der Sahne pürieren und in die Creme einrühren. Ist die Creme zu fest, etwas Sahne oder Milch zugeben. In kalt ausgespülte Dessertschalen füllen und 1 Stunde kaltstellen.

Hinweis: Statt Bananen Pflaumen oder Kirschen, anstelle von Haselnüssen Walnüsse oder ungesalzene Pistazienkerne verwenden.

Apfelstrudel

Für den Teig:	Für die Füllung:
300 g Dinkelmehl	*2 kg säuerliche Äpfel*
1 Eigelb	*150 g Semmelbrösel*
1 Messerspitze Meersalz	*50 g Butter*
1 TL Öl	*1 TL Zimt · 80 g Honig*
⅛ l lauwarmes Wasser	*100 g Rosinen (ungeschwefelt)*
	300 g Butter
	80 g gehackte Walnüsse

Zubereitung: Das Mehl in eine Schüssel geben, in die Mitte eine Vertiefung machen, Eigelb, Salz und ca. ⅛ l lauwarmes Wasser hineingeben und alles zu einem Teig verarbeiten. Eine Kugel daraus formen, mit Öl bestreichen und 30 Minuten in einer Schüssel ruhen lassen. Äpfel schälen, entkernen und in Scheibchen schneiden. Semmelbrösel in 50 g Butter goldbraun rösten. Äpfel mit Zimt, Honig und den heiß gewaschenen Rosinen mischen. Ein großes Tuch (evtl. mit Mehl bestäuben) auf den Tisch legen und darauf den Teig ausrollen, dann vorsichtig über dem Handrücken papierdünn ausziehen. Die etwas dickeren Ränder abschneiden, evtl. Löcher damit ausbessern. Teig mit etwas zerlassener Butter bestreichen. Die Apfelmischung, Semmelbrösel und gehackten Nüsse darauf verteilen. Teig mit Hilfe des Tuches aufrollen, rundum mit zerlassener Butter bestreichen. Strudel auf ein gefettetes Backblech legen, im vorgeheizten Backofen bei 200° C auf der zweiten Backleiste 60 Minuten backen. Sobald der Strudel zu bräunen beginnt, wiederholt mit zerlassener Butter bestreichen.

Hinweis: Dazu empfehlen wir eine Vanilleschaumsoße (siehe nächste Seite).

Vanilleschaumsoße

½ l Milch
1 Vanillestange
50 g Dinkelmehl
3 – 4 EL Honig oder Ahornsirup
2 EL Rum
100 ml Schlagsahne
40 g Butter
1 Eigelb

Zubereitung: Milch, Butter und die aufgeschlitzte Vanille-stange zum Kochen bringen, mit dem Schneebesen das Dinkel-mehl einrühren, einmal aufkochen und auf ausgeschalteter Platte 20 Minuten ziehen lassen. Die Vanillestange herausneh-men und das restliche Mark mit dem Messer ausschaben und zu der Soße geben. Den Honig, Rum und Sahne zugeben, mit dem Mixer pürieren und zum Schluß das Eigelb unterziehen. Nach Bedarf Sahne oder Milch zugeben, bis die gewünschte Konsi-stenz erreicht ist.

Hinweis: Statt der Vanillestange können Sie auch 1 TL Bour-bon-Vanille (echte Vanille) verwenden, die ist aber nicht so intensiv wie die Vanillestange.

Grünkern-Pudding

200 g Grünkern
¾ l Milch · Prise Meersalz
60 g weiche Butter
70 g Honig oder Apfelsaft
4 Eier · 70 g gemahlene Walnüsse
abgeriebene Schale einer unbehandelten Orange und deren Saft
3 altbackene Vollkornbrötchen
Vollkornbrösel zum Bestreuen

Zubereitung: Die Milch und den Grünkern 50 Minuten köcheln lassen bis die Milch von dem Grünkern aufgesogen ist. Auf ausgeschalteter Platte 15 Minuten ziehen lassen. Butter, Honig, Eigelb schaumig rühren und unter die Masse ziehen. Die Brötchen in kleine Würfel schneiden und in heißer Milch einweichen. Orangensaft, das Abgeriebene der Schale, Nüsse und Salz in die Masse geben. Die Brötchen gut ausdrücken und ebenfalls unter die Masse geben. Zuletzt das steifgeschlagene Eiweiß unterheben und alles in eine gefettete, mit Brösel ausgestreute Puddingform füllen. Im Wasserbad ca. 1½ Stunden bei mittlerer Hitzezufuhr garen lassen.

Hinweis: Dazu empfehlen wir Ihnen eine Vanilleschaumsoße.

Gemüse-Nuß-Kuchen

(Quiche)

Für den Teig:	Für die Füllung:
250 g Dinkelmehl	*1 Zwiebel · 400 g Möhren*
150 g weiche Butter	*200 g Zucchini · 100 ml Sahne*
5 EL kaltes Wasser	*100 g gehackte Haselnüsse · 3 Eier*
Meersalz, Muskat	*100 g geraspelten Goudakäse*
	Kräutersalz, Curry · 1 TL Majoran
	2 EL gewiegte Kräuter · Chinagewürz

Zubereitung: Für den Teig alle Zutaten verkneten, eventuell noch etwas Wasser zugeben und im Kühlschrank 30 Minuten ruhen lassen. Eine Springform leicht einölen, den Teig dünn auslegen und einen Rand hochziehen. Zwiebel in Würfel schneiden und in Kokosfett glasig dünsten. Möhren und Zucchini in kleine Würfel schneiden und mit den Zwiebeln kurz mitdünsten, mit 4–5 EL Gemüsebrühe ablöschen und fertiggaren. Das Gemüse soll noch knackig sein. Nüsse, Gemüse und Käse mischen und mit den Gewürzen abschmecken. Alles in die Form geben und mit den verquirlten Eiern und Sahne übergießen. Im vorgeheizten Backofen bei 200° C ca. 40–50 Minuten auf der zweiten Backleiste von unten backen.

Hinweis: Dazu empfehlen wir Ihnen einen Salatteller.

Ofenkrapfen mit Kirschfülle

0,3 l Wasser · 120 g Butter
Prise Meersalz · 260 g Dinkelmehl · 2 EL Honig
½ TL Bourbon-Vanille · 4 Eier

Für die Füllung:
150 g Kirschen oder Schattenmorellen
2 EL Honig · 20 g Butter
20 g Ahornsirup · 30 g Vollkornbrösel

Zubereitung: Wasser, Butter und Salz aufkochen und das Mehl auf einmal hineinschütten und so lange rühren, bis sich ein Kloß bildet. Vom Herd nehmen, etwas abkühlen lassen, die Eier, Vanille und den Honig einarbeiten. Den Teig 2 Stunden kühlstellen. Die Kirschen entsteinen und mit dem Honig beträufeln (bei Schattenmorellen aus dem Glas keinen Honig zugeben, aber gut abtropfen lassen). Butter, Ahornsirup und Vollkornbrösel goldbraun anrösten und abkühlen lassen. Den Teig zu je ca. 50 g mit eingeölten Händen zu Kugeln formen, flachdrücken und mit 2–3 Kirschen und etwas Vollkornbrösel füllen. Die Taschen zusammenklappen und auf einem leicht gefetteten Backblech im vorgeheizten Backofen bei 220° C auf der mittleren Leiste ca. 15–20 Minuten backen.

Hinweis: Dazu empfehlen wir Ihnen eine Vanilleschaumsoße oder einen Obstsalat mit Schlagsahne.

Bienenstich

30 g Hefe · ¼ l Milch
70 g Honig · 130 g weiche Butter
1 Ei · Prise Meersalz · 500 g Dinkelmehl
½ Tl Bourbon-Vanille · ¼ TL Zimt

Für den Belag:
125 g Butter · 150 g Honig · 2 EL Milch
2 EL Zitronensaft · 250 g Mandelstifte

Zubereitung: Hefe mit der lauwarmen Milch verrühren. Honig, Butter und das Ei schaumig rühren und abwechselnd das mit Gewürzen vermischte Mehl in die Hefemilch einarbeiten. Den Teig 10 Minuten kneten und 30 Minuten abgedeckt an einem warmen Ort gehen lassen. Den Teig nochmals kurz durchkneten und auf einem gefetteten Backblech ausrollen. Butter, Honig, Milch und den Zitronensaft in einem Topf 5 Minuten köcheln lassen. Die Mandelstifte zugeben, nochmals aufkochen und anschließend etwas abgekühlt auf dem Teig verteilen. Im vorgeheizten Backofen bei 200° C auf der zweiten Leiste von unten den Bienenstich ca. 30 Minuten backen.

Hinweis: Den Bienenstich quer durchschneiden und mit Pudding oder Schlagsahne füllen.

Windbeutel mit Sahne-Früchtefüllung

Für den Teig:	Für die Füllung:
30 g Butter	*150 g Schlagsahne*
⅛ l Wasser	*200 g Früchte,*
60 g Dinkelmehl	*je nach Jahreszeit*
2 Eier	*50 g gemahlene Walnüsse*
1 Prise Meersalz	*¼ TL Bourbon-Vanille*
1 TL Honig	*40 g Honig oder Ahornsirup*

Zubereitung: Butter und Wasser aufkochen und das Mehl auf einmal hineinschütten. Rühren, bis sich die Masse als Kloß vom Topfboden löst. Ein Ei unterrühren, etwas abkühlen lassen, dann das andere Ei unterrühren, dabei Salz und Honig mit unterarbeiten. Teig in einen Spritzbeutel mit Sterntülle füllen und auf ein leicht eingefettetes Backblech, mit etwas Wasser besprenkeln, 8–10 Rosetten spritzen. Im vorgeheizten Backofen bei 225° C auf der mittleren Leiste 25–30 Minuten backen. Windbeutel noch heiß mit einem scharfen Messer aufschneiden und auf einem Kuchengitter abkühlen lassen. Sahne mit dem Honig und der Vanille steif schlagen und die Nüsse unterziehen. ¾ der Sahne auf die unteren Teile der Windbeutel füllen und die kleingeschnittenen Früchte (Pfirsich, Aprikosen, Erdbeeren usw.) draufsetzen. Restliche Sahne über die Früchte geben und die Windbeutel-Deckel aufsetzen.

Butterbiskuit

4 Eier
3 EL warmes Wasser
200 g Honig
200 g Dinkelmehl
1 TL Weinstein-Backpulver
50 g zerlassene Butter

Zubereitung: Eier, Wasser und Honig 10 Minuten schaumig rühren. Das mit Backpulver vermischte Mehl zugeben und die Butter unterziehen. In eine gefettete Springform (Durchmesser 26 cm) füllen und im vorgeheizten Backofen bei 180° C auf der zweiten Leiste von unten 25 Minuten backen.

Hinweis: Mit geschlagener Sahne rundum bestreichen und mit gehackten Walnüssen bestreuen, eventuell mit Kirschen verzieren.

Mandeltorte

200 g Honig · 180 g weiche Butter · 3 Eier
350 g Dinkelmehl · 250 g gemahlene Mandeln · ¼ l Milch
Saft einer Zitrone · 1 TL Bourbon-Vanille
Prise Meersalz · 2 TL Weinstein-Backpulver

Für die Füllung:
125 g Mandelmus · 125 g Honig · Aprikosenmarmelade
zum Bestreichen · gehackte Mandeln zum Bestreuen

Zubereitung: Butter, Honig und Eigelb schaumig rühren, Vanille, Zitronensaft und Mandeln einrühren. Milch und das mit Backpulver vermischte Mehl einmengen. Zuletzt den steifgeschlagenen Eischnee unterziehen. Den Teig in eine gefettete Springform (Durchmesser 26 cm) geben und im vorgeheizten Backofen bei 180° C auf der zweiten Backleiste von unten 55 Minuten backen. Den abgekühlten Kuchen einmal durchschneiden und mit dem Honig-Mandelmus-Gemisch bestreichen. Den fertigen Kuchen mit Marmelade bestreichen und mit den gehackten Mandeln bestreuen.

Hinweis: Statt Mandeln gemahlene Walnüsse verwenden.

Mandel-Apfeltorte

200 g weiche Butter · 175 g Honig · 5 Eier · 1 EL Rum · 1 TL Zimt
½ Vanillestange oder ½ TL Bourbon-Vanille · 2 TL Weinstein-Backpulver
abgeriebene Schale einer unbehandelten Zitrone · 200 g Dinkelmehl
5 säuerliche, mittelgroße Äpfel · 60 g gehackte Mandeln oder Walnüsse

Für den Guß:
Saft von 2 Zitronen · 2 EL heißes Wasser
3–4 EL Honig oder Ahornsirup

Zubereitung: In einem Rührgerät die Butter, Honig, Eigelbe, Vanille und Rum 5 Minuten schaumig schlagen. Das Mehl mit Backpulver, Zimt und abgeriebener Zitronenschale vermischen, in die Masse einarbeiten. Den steifgeschlagenen Eischnee vorsichtig unterziehen und die Hälfte des Teiges in eine leicht gefettete Springform (Durchmesser 26 cm) füllen. Die Äpfel schälen, entkernen, in Scheiben schneiden, in den Teig einstecken und die Mandeln darüberstreuen. Den Ofen auf 180° C einstellen und 3 Minuten vorheizen. Den Rest des Teiges über die Äpfel streichen und auf der mittleren Schiene 35–40 Minuten backen. Nach Herausnehmen des Kuchens mit dem Zitronen-Honig-Guß beträufeln.

Hinweis: Statt der Äpfel Pflaumen oder Kirschen verwenden.

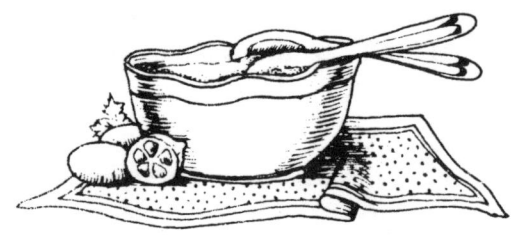

Mohn-Hefezopf

Für den Teig:
500 g Dinkelmehl
30 g Hefe
¼ l lauwarme Milch
40 g Honig · 1 Ei
¼ TL Meersalz
½ TL Backgewürzmischung
50 g weiche Butter

Für die Füllung:
250 g gemahlener Mohn
50 g gemahlene Mandeln
⅛ l Schlagsahne
1 Ei · 40 g Honig
1 EL Rum · ½ TL Zimt
abgeriebene Schale von
½ unbehandelten Zitrone

Zubereitung: Mehl in eine Schüssel geben und in die Mitte eine Mulde drücken. Hefe hineinbröckeln und mit der Milch und dem Honig verrühren. Den Vorteig abgedeckt 20 Minuten gehen lassen. Das Ei mit dem Salz und dem Gewürz verrühren, zu dem Vorteig geben und zuletzt die Butter einarbeiten. Alles zu einem glatten Teig kneten und wiederum zugedeckt 30 Minuten gehen lassen. Alle Zutaten für die Füllung in eine Schüssel geben und gut vermengen. Den Hefeteig auf einer bemehlten Fläche zu einer Platte von 36 x 36 cm ausrollen. Die Platte in drei Streifen schneiden. Die Mohnfüllung auf die Mitte der Streifen streichen. Das Eigelb mit etwas Wasser verdünnen und die Teigränder damit bestreichen. Die Streifen von der Längsseite her aufrollen und die Enden gut zusammendrücken. Einen Zopf flechten, mit dem restlichen Eigelb bestreichen und auf ein gefettetes Backblech legen. Nochmals 20 Minuten gehen lassen. Den Backofen auf 200° C vorheizen und den Zopf auf der mittleren Leiste ca. 60 Minuten backen.

Florentiner

100 g Honig
50 g Butter
⅛ l Sahne
50 g Orangeat
50 g Zitronat
100 g Mandelscheiben
70 g Dinkelmehl
½ TL Zimt

Zubereitung: Den Honig in einen Topf geben und unter ständigem Rühren zum Kochen bringen, bis er zu karamelisieren anfängt. Den Topf beiseite stellen. In einem anderen Topf Butter und Sahne erhitzen, den karamelisierten Honig zugeben, die gewiegten Trockenfrüchte, Mandelscheiben und das mit Zimt vermischte Mehl zugeben und kurz aufkochen lassen. Auf ein gefettetes Backblech mit einem Eßlöffel von der heißen Masse kleine Häufchen setzen und sofort flachdrücken. Im vorgeheizten Backofen auf der mittleren Schiene bei 170° C ca. 20–25 Minuten backen. Im abgeschalteten Backofen die Florentiner abkühlen lassen und anschließend auf einem Kuchengitter trocknen lassen.

Hinweis: Statt den Mandelscheiben kann man auch Mandelstifte oder Walnußkerne verwenden.

Vanille-Teegebäck

100 g weiche Butter
75 g Honig
2 Eigelb
4 Tropfen Bittermandelöl
120 g gemahlene Haselnüsse
100 g Dinkelmehl
½ TL Bourbon-Vanille

Zubereitung: Butter, Honig und Eigelb schaumig rühren, Vanille, Haselnüsse und das Bittermandelöl zugeben und zuletzt das Mehl einarbeiten und alles zu einem Teig verkneten. Im Kühlschrank eine Stunde ruhen lassen. Auf ein gefettetes Backblech, nach Belieben auf Oblaten, mit den Händen geformte, walnußgroße Röllchen setzen und bei 175° C 20–25 Minuten goldgelb backen.

Hinweis: Statt Vanille Zimt verwenden oder 2 EL Kakaopulver zugeben.

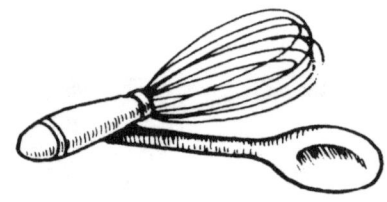

Walnußecken

Für den Teig:
250 g Dinkelmehl
Prise Meersalz
¼ TL Bourbon-Vanille
Prise Zimt
1 Ei
65 g Honig
125 g Butter

Für den Belag:
4 Eiweiß
250 g Honig
250 g gemahlene Walnüsse

Zubereitung: Das Mehl mit den Gewürzen vermischen, Ei und Honig darin verrühren und die feste Butter in Flöckchen einkneten. Auf einem leicht gefetteten Backblech den Teig ausrollen. Das Eiweiß sehr steif schlagen und den Honig zugeben. Zuletzt die Nüsse einrühren und die Masse auf der Teigplatte verteilen. Bei 165° C 15 Minuten backen, ca. 6 × 6 cm große Stücke schneiden, diagonal teilen und 5 Minuten weiterbacken. Auf einem Kuchengitter auskühlen lassen.

Buttermilchbrötchen

600 g Dinkelmehl
200 g Roggenmehl
2 TL Meersalz · 2 Würfel Hefe
550 g Buttermilch (Raumtemperatur)
50 g lauwarmes Wasser
½ TL Honig
Milch zum Bestreichen
Mohn oder geschälten Sesam zum Bestreuen

Zubereitung: Das Mehl in eine Schüssel geben und mit dem Salz vermischen, in die Mitte eine Mulde eindrücken und darin die zerbröckelte Hefe, den Honig und das Wasser zu einem Vorteig verrühren. Zugedeckt an einem warmen Ort 15 Minuten gehen lassen. Die Buttermilch nach und nach zugeben und alles zu einem Teig verarbeiten (am besten in einer Teigmaschine) und so lange kneten, bis sich der Teig vom Schüsselrand löst (ca. 10 Minuten). Den Teig zu einer Kugel formen und zugedeckt 60 Minuten gehen lassen. Mit öligen Händen den Teig zu einer Rolle formen, in kleine Stücke schneiden und zu Brötchen rollen. Die Brötchen mit lauwarmem Wasser bepinseln und mit Sesam oder Mohn bestreuen und auf einem gefetteten Backblech ca. 10–15 Minuten gehen lassen. Im vorgeheizten Backofen bei 220° C auf der mittleren Leiste ca. 15–20 Minuten backen.

Frühstücksbrötchen

500 g Dinkelmehl
3 TL Weinstein-Backpulver
1 TL Meersalz
500 g Magerquark
2 Eigelb
(davon ½ Eigelb zum Bestreichen zurücklegen)
1 EL Honig

Zubereitung: Das Mehl mit dem Salz und dem Backpulver gut vermischen. Den Quark, Honig und Eigelb gut verrühren (am besten in einer Teigmaschine) und das Mehl löffelweise einarbeiten. Der Teig soll feucht sein, aber nicht kleben. Nach Bedarf noch etwas Mehl einarbeiten. Zwei 5 cm dicke Rollen formen, 15–20 Brötchen abstechen und auf ein gefettetes Backblech setzen. Die Brötchen kurz gehen lassen und mit Eigelb bestreichen. Den Ofen drei Minuten vorheizen und die Brötchen auf der mittleren Leiste bei 150° C 10 Minuten backen und weitere 10 Minuten auf 180° C backen.

Vollkornsemmeln

400 g Dinkelmehl
1 Würfel Hefe
½ TL Honig
1 TL Meersalz
¼ l lauwarme Milch
Eigelb zum Bestreichen

Zubereitung: Das Mehl mit dem Salz vermischen und in eine Schüssel geben. In die Mitte eine Vertiefung machen und die zerbröckelte Hefe, den Honig und 4 EL lauwarmes Wasser zu einem Vorteig verrühren. Zugedeckt 15 Minuten gehen lassen. Die Milch zugeben, alles zu einem Teig verarbeiten und so lange kneten, bis sich der Teig vom Schüsselrand löst. Den Teig zu einer Kugel formen und zugedeckt ca. 50 Minuten gehen lassen. Mit öligen Händen den Teig kurz durchkneten, zu einer 5 cm dicken Rolle formen, 2–3 cm breite Stücke abschneiden, zu Brötchen rollen, auf ein gefettetes Backblech setzen und 10–15 Minuten gehen lassen. Den Backofen auf 225° C vorheizen, die Brötchen mit Eigelb bestreichen und auf der mittleren Leiste ca. 15–20 Minuten backen.

Hinweis: Während des Backens ein Gefäß mit ⅛ l heißem Wasser auf den Boden des Backofens stellen.

Gewürz-Dinkel-Brot

800 g Dinkelmehl
550 g Weizenmehl
2½ Würfel Hefe · 1 TL Honig
660 g lauwarme Milch
240 g lauwarmes Wasser
3 TL Meersalz · 2 EL Kümmel
1 EL Anis (gemahlen)
1 EL Fenchel (gemahlen)

Zubereitung: Das feingemahlene Mehl in eine Schüssel geben, in die Mitte eine Vertiefung machen und darin die zerbröckelte Hefe mit einem Drittel der Milch und dem Honig verrühren und 15 Minuten gehen lassen. Danach das Salz, die Gewürze, den Rest der Milch und das Wasser zugeben (am besten in einer Küchenmaschine) und so lange kneten, bis sich der Teig vom Schüsselrand löst. Mit öligen Händen den Teig zu einer Kugel formen und zugedeckt an einem warmen Ort gehen lassen, bis er sich verdoppelt hat.

Mit öligen Händen nochmals kurz durchkneten und in eine große, gefettete Springform legen. Den Teig so lange gehen lassen, bis er 1–2 cm vom oberen Rand der Form entfernt ist. Mit Wasser bepinseln und mit einer Gabel in großen Abständen leicht einstechen. Im vorgeheizten Backofen bei 250° C auf der untersten Backleiste 15 Minuten und dann bei 180° C weitere 40 Minuten backen.

Hinweis: Ein kleines Gefäß mit heißem Wasser während der Backzeit auf den Boden des Backofens stellen, zwecks der Dampfentwicklung.

Süße Dinkelbrötchen

500 g Dinkelmehl
50 g Honig
100 g weiche Butter
1 Prise Meersalz
100 g gemahlene Mandeln
200 ml lauwarme Milch
1 Würfel Hefe
2 EL gehackte Mandeln

Zubereitung: Mehl in eine Schüssel geben, Honig, die Butter in Flöckchen, Salz und die gemahlenen Mandeln zufügen. Alles gut durchmischen. Die Milch mit der zerbröckelten Hefe verrühren, zu dem Mehl geben und alles mit den Knethaken des Handrührgerätes zu einem Teig verarbeiten, bis sich der Teig vom Schüsselrand löst. Mit öligen Händen den Teig zu einer Kugel formen und abgedeckt an einem warmen Ort ca. 30 Minuten gehen lassen. Den Teig dann nochmals gut durchkneten, zu einer Rolle formen und in 12 gleich große Stücke teilen. Die Stücke zu Kugeln formen, auf ein gefettetes Backblech legen und nochmals 30 Minuten gehen lassen. Die Brötchen mit einem scharfen Messer kreuzweise einschneiden, mit lauwarmem Wasser bepinseln und mit den gehackten Mandeln bestreuen. Anschließend im vorgeheizten Backofen bei 180° C auf der mittleren Leiste 30 Minuten backen.

Dinkel-Gewürzbrötchen

800 g Dinkelmehl
2 Würfel Hefe
½ l lauwarme Milch
½ TL Honig
80 g weiche Butter
1 TL Meersalz
2 EL Brotgewürzmischung
(Kümmel, Fenchel, Anis, Koriander)

Zubereitung: Das Mehl mit dem Brotgewürz vermischen und in eine Schüssel geben. Die zerbröckelte Hefe mit dem Honig in der Milch auflösen und nach und nach das Mehl einarbeiten (am besten in einer Teigknetmaschine), das Meersalz und die Butter zugeben und alles zu einem Teig verarbeiten und so lange kneten, bis sich der Teig vom Schüsselrand löst (ca. 10 Minuten). Den Teig zu einer Kugel formen und abgedeckt an einem warmen Ort gehen lassen, bis er sich verdoppelt hat. Den Teig nochmals kurz durchkneten (am besten mit öligen Händen), zu zwei Rollen formen, diese in ca. 20 Stücke schneiden, Brötchen formen und auf ein gefettetes Backblech legen und abgedeckt ca. 10–20 Minuten gehen lassen. Die Brötchen mit kaltem Wasser bepinseln und im vorgeheizten Backofen bei 225° C auf der mittleren Leiste ca. 15–20 Minuten backen.

Hinweis: Während des Backens ein Gefäß mit ⅛ l heißem Wasser auf den Boden des Backofens stellen, zwecks der Dampfentwicklung.

Zwiebelbrötchen

300 g Dinkelmehl · 190 g Roggenmehl
1 TL Meersalz oder Kräutersalz
1½ Würfel Hefe · ½ TL Honig
¼ l lauwarmes Wasser
2 mittelgroße Zwiebeln
100 g weiche Butter
lauwarme Milch zum Bestreichen
Sesam zum Bestreuen

Zubereitung: Das Mehl mit dem Salz vermischen und in eine Schüssel geben. In die Mitte eine Vertiefung machen, die zerbröckelte Hefe, den Honig und einen Teil des Wassers zugeben und zu einem Vorteig verrühren. Zugedeckt an einem warmen Ort 15 Minuten gehen lassen. In der Zwischenzeit die Zwiebel in kleine Würfel schneiden, in etwas Kokosfett goldgelb rösten und anschließend abkühlen lassen. Das restliche Wasser, die Butter und die Zwiebelmasse einarbeiten (am besten in einer Teigknetmaschine), alles zu einem Teig verarbeiten und so lange kneten, bis sich der Teig vom Schüsselrand löst. Den Teig mit öligen Händen zu einer Kugel formen und zugedeckt ca. 50 Minuten gehen lassen. Den Teig kurz durchkneten, zu einer Rolle formen, 2 cm breite Stücke abschneiden und zu Brötchen rollen. Die Brötchen auf ein gefettetes Backblech setzen und nochmals 10–15 Minuten gehen lassen. Den Backofen auf 225° C vorheizen und das Gefäß mit ⅛ l kochendem Wasser reinstellen. Die Brötchen mit Wasser bepinseln, mit Sesam bestreuen und auf der mittleren Leiste ca. 15–20 Minuten backen.

Kasten-Vollkornbrot

1,3 kg Dinkelmehl
2 Würfel Frischhefe
2 TL Honig
860 g lauwarme Milch
2 TL Meersalz
4 EL geschälte Sonnenblumenkerne

Zubereitung: Das Mehl in eine Schüssel geben, in die Mitte eine Vertiefung machen und darin die zerbröckelte Hefe mit einem Drittel der lauwarmen Milch und dem Honig verrühren und 15 Minuten gehen lassen. Danach das Salz, die Sonnenblumenkerne und den Rest der Milch zugeben. Alles zu einem Teig verarbeiten (am besten in einer Küchenmaschine) und so lange kneten, bis sich der Teig vom Schüsselrand löst. Mit öligen Händen den Teig zu einer Kugel formen und zugedeckt an einem warmen Ort gehen lassen, bis die Masse sich verdoppelt hat (ca. 60 Minuten). Den Teig mit öligen Händen durchkneten, länglich formen und in eine große, leicht gefettete Kastenform legen. Nochmals ca. 30 Minuten gehen lassen, dann quer 3–4mal einschneiden, mit lauwarmem Wasser bepinseln und auf der untersten Backleiste im vorgeheizten Backofen bei 250° C 15 Minuten und dann bei 170° C 45 Minuten backen.

Hinweis: Sollte das Brot vorzeitig braun werden, legt man eine Folie auf.

Quellenangaben

Nutzpflanzen in Deutschland
Udelgard Körber-Grohne

Dinkelackerstiftung zur Förderung des Getreides Dinkel, 1. Dinkelsymposium an der Universität Hohenheim 1988

Diese Handvoll Erde
Theo Löbsack

Garten ohne Gift
Ernst Hoplitschek und Bodo M. Tegethoff

Küchengeheimnisse der Hildegard-Medizin
Dr. Gottfried Hertzka, Dr. Wighard Strehlow

Gesund kochen mit der hl. Hildegard von Bingen
Ellen Breindl

Demeter, Blätter Nr. 42, Herbst 1987

z.B. Dinkel Nr. 12, 21. August 1985, Schweiz

Spiegel, 14. 2. 1989, Seite 94
Spiegel, 29. 5. 1989, Seiten 66 und 68

Schwäbischer Bauer Nr. 12, 1989, Seiten 40 und 41

WWL, 19. Dez. 1987, Seiten 29/30

Natur und Umwelt, Heft 2, 1989
Ausgabe Baden-Württemberg, Seiten 3 und 6

Württ. Jahrbücher für Statistik und Landeskunde, Jahrgang 1901
Der Dinkel und die Alemannen
Dr. Rob. Gradmann

Die landwirtschaftliche Zeitschrift, 40. Jg., Nr. 2, Seiten 48–50, 1989
Mühle und Mischfuttertech. 117 (1980) 38, Seite 505
Mühle und Mischfuttertech. 123 (1986) 51, Seiten 696, 699
Mühle und Mischfuttertech. 124 (1987) 40, Seiten 547–549
Mühle und Mischfuttertech. 125 (1988) 41, Seiten 540–541

Deutsche Bäckerzeitung 75
1988, 33, Seite 1046

Bäcker-Konditor-Zeitung 95
1984, 7, Seite 1

Getreide, Mehl und Brot 42
1988, 6, Seiten 185–187

Handwörterbuch des deutschen Aberglauben II 298 f, III 787, VII 763

BBZ, 50/1988, Seite 20

Forschungen zur Volkskunde im Deutschen Südwesten
Friedrich-Heinz Schmidt-Ebhausen

Bioland
Ökologischer Landbau

Tress

Schwabenkorn
Dinkel-Vollkorn Spätzle

Herzhafte Vollkornspätzle
aus schwäbisch-ökologisch angebautem
Dinkelkorn

Die Mehltruhe war jahrhundertelang das Herzstück jeder Küche. In „Flädla, Knöpfla, Bubaspitzla" finden Sie auf 176 Seiten eine Fülle schwäbischer Köstlichkeiten.
Format: 17×20 cm
ISBN 3-924292-02-7

Die „Schwäbische Spätzlesküche" hat sich langsam aber sicher in die Liste der Schwäbischen Bestseller etabliert. Zu der 20. Auflage wurde sie gründlich überarbeitet und um 12 neue Rezepte erweitert. Auf den 143, originell illustrierten Seiten werden Sie auch ausführlich über die Geschichte der Spätzle, sowie dem Dinkel, des Schwaben Urgetreide, informiert.
Format: 17×20cm
ISBN: 3-924292-00-0

Auf 170 Seiten berichten wir von der Tradition der Hausbäckerei, die sich bis heute in den Backhäusern erhalten hat. 80 neue und alte Rezepte, Anekdoten und Geschichten, erzählen vom Brauchtum rund ums Backhaus. Durchgehend originell illustriert.
Format: 17×20cm
ISBN: 3-924292-18-3

Die Maultaschen, ob in der Brühe, geschmälzt, überbacken oder mit verschiedenen Füllungen haben sich neben der Spätzle zur Lieblingsspeise der Schwaben entwickelt.
34 Rezepte und lustige Anekdoten und Geschichten rund um die Maultaschen finden Sie in dem originell illustrierten Kochbuch.
96 Seiten - handgeschrieben.
Format: 12×18 cm
ISBN 3-924292-19-1

Nach dem Motto: „Wia isch doch's veschbra sche, wia muaß erscht's Schaffa sei", haben wir uns mal im Ländle umgesehen was da doch für deftige, hausgemachte Vesper auf den Tisch kommen. Von Teller- und Knöchlessulz, agmachter Backstoikäs, Lompasupp bis hin zum Katzagschroi ist alles vertreten was satt macht.
96 Seiten - illustriert und handgeschrieben.
Format: 12×18 cm
ISBN 3-924292-21-3

Nach der Fastfood- und Dosenfutterwelle, feiert nun der Salat, angemacht mit frischen Kräutern, wieder ein Comeback. Salate in neuen und alten Kreationen kommen immer öfter auf den Tisch. Besonders interessant sind die Rezepturen aus Großmutters Bauerngarten. Auf 96 Seiten erfahren Sie, lustig illustriert, was gesund macht.
Format: 12×18 cm
ISBN 3-924292-20-5

Auf 123 Seiten versuchen wir, Ihnen das
»Amideutsch« auf »Schwäbisch« näher
zu bringen. Das Ganze beobachtet und
aufgeschrieben auf eine satirische Art,
die zum Schmunzeln anregt. Es wimmelt
förmlich von liebenswürdigen Gemeinhei-
ten. Eine witzig-freche Illustration im
Comicstyle verleiht dem Buch den letzten Pfiff.
Format 17 × 20 cm.
ISBN: 3-924292-14-0

Ein schwäbisches Kinderbuch in
original schwäbischem Dialekt mit
über 160 Kinderversen,-liedern,
Zungenbrechern,Kettenreimen,
Fastnachts-,Oster und Weihnachtsversen
aus dem Volksmund.
Jede Seite ist lustig illustriert,
zum Teil bunt. Dieses Buch ist
einmalig in seiner Art.
Format:17×20 cm
ISBN 3-9242-9201-9

Ein originelles Geschenk mit urig-
lustigen Karikaturen und Versen.
Auf jeden Fall ein Kalender, der
nicht im Papierkorb landet.
Format: 24 × 63 cm, Papier braun.
Auch mit Werbeeindruck lieferbar.
ISBN 3-924292-15-9

Ruoß Verlag

Schellingstraße 10 · D- 89077 Ulm
Tel.0731/37661 · Fax 0731/37662